성공 개국을 위한 실진 판례 분석

약사 선배
실진 개국 노트 2
: 판례에서 길을 찾다

약사 선배 실전 개국 노트 2: 판례에서 길을 찾다
성공 개국을 위한 실전 판례 분석

초판 1쇄 발행 2025년 9월 1일

지은이 이태영
펴낸이 장길수
펴낸곳 지식과감성#
출판등록 제2012-000081호

교정 정은솔
디자인 강샛별
편집 강샛별
검수 한장희, 이현
마케팅 김윤길

주소 서울시 금천구 벚꽃로298 대륭포스트타워6차 1212호
전화 070-4651-3730~4
팩스 070-4325-7006
이메일 ksbookup@naver.com
홈페이지 www.knsbookup.com

ISBN 979-11-392-2751-2(03320)
값 22,000원

- 이 책의 판권은 지은이에게 있습니다.
- 이 책 내용의 전부 또는 일부를 재사용하려면 반드시 지은이의 서면 동의를 받아야 합니다.
- 잘못된 책은 구입하신 곳에서 바꾸어 드립니다.

지식과감성#
홈페이지 바로가기!

성공 개국을 위한 실전 판례 분석

약사 선배
실전 개국 노트 2
: 판례에서 길을 찾다

이태영 지음

약국 개국 임대차 계약 전, 분양 전
반드시 읽어야 할 책

목차

1. 프롤로그

책의 주된 내용과 의미   10

사건 판례의 선택 기준   11

내용의 구성   12

2. 실전: 사건 판례별 심층 분석

#1 약국 분양 해지 소송

1-1. 상가 분양 '병원 특약'의 배신… '5개월 만의 병원 폐업' 약사,
시행사의 사기임을 주장하며 계약 취소 소송   16

1-2. 위 동일 소송 고등법원 판결   28

2. '유령 병원' 미끼 분양 30억 날릴 뻔한 약사…
현명한 기지로 사기에서 탈출!   38

3. 19억 주고 분양받은 약국 자리, 병원 불발로 소유권 잃은 건물주,
폐업 약사에 "밀린 임대료 내놔라"   49

4. 병원입점 특약 불이행 '상가 매매 해지하고, 2억 원을 손해배상 하라!!'   65

5. '병원 특약' 믿고 분양받았는데… 약속의 '병원'은 없었다… 상가 수분양자들,
계약 해제하고 거액의 분양대금/위약금 배상하라 소송!   83

6. 10억 지원받고 4개월 만에 '먹튀' 9억 5천만 원 날린 분양사,
의사 상대로 채무불이행 소송제기!   101

#2 약국 임대차계약 해지 소송

7. 특약 '병원이 입점되지 않으면…'
   과연! 입점의 의미가 단순 계약 무효 조건일 뿐인가? 115

8. 500병상 꿈꿨는데… 218병상으로 병상 축소 그리고 약국의 폐업,
   "장사 안돼 폐업했는데 임대료는 내라고요?" 131

9. '엉터리 병원' 유치? 병원 입점 '허위 정보'에 1억 날렸다!
   약사들, 컨설팅, 의사 상대 사기 소송제기! 147

10. 임대인이 수차례 바뀐 상가 '병원 미입점'의 책임? 계약 해지,
    보증금 반환의 책임은 누구에게 있나? 복잡한 소송의 결말은? 161

11. 병원의 이전 따라 약국도 이전, 2층 병원 나가자 벌어진 일… 당연한 임대차
    해지인가? 임대료 연체인가? 1층 약국 상가 임대차 '해지 전쟁' 발발! 180

#3 약국 양도 양수 관련 소송

12. 약사 대 약사, 믿었던 '권리금 계약' "병원 옮기는 줄 알면서…"
    양도 약사에 '기망' 주장하며 권리금 반환 청구 206

13-1. 수억 원 권리금 주고 들어갔는데… 믿었던 약국 인수, 약국 임차권
    '꼼수 양도'에 권리금 날리고, 쫓겨나고, 가짜 계약에 날벼락 맞은 약사 219

13-2. 위 소송에 대한 원 소송 판결 231

#4 상가임대차 보호법 관련 소송

14. "새 건물주 바뀌자마자 월세 폭탄?"
    약사, 상가임대차보호법으로 맞서다! 254

#5 동종업종 금지규약 관련 소송

15. 동종업종 금지 소송 과연 이 사건에서는…
   경매 받은 점포에 약국 개설 '업종제한' 해당될까? 264

#6 컨설팅 부당이익 반환 소송

16. '약국 컨설팅' 가장한 무자격 중개…
   법원 '부당이득 4천만 원 반환하라!!' 278

맺음말 296

참고 299

1.
프롤로그

책의 주된 내용과 의미

안녕하세요, 여러분의 약사 선배입니다. 지난번 책에서는 제가 직접 현장에서 겪은 개국의 '실제 과정'들을 통해 이상과 현실 사이의 차이를 생생한 경험담과 함께 공유했었습니다. 이에 많은 약사님들께서 공감해 주시고 뜨거운 관심과 격려를 보내 주셔서 큰 힘이 되었습니다. 다시 한번 진심으로 감사드립니다.

사실 현실에서의 개국이나 약국 운영은 이론적인 내용이나 매뉴얼만으로는 예측하기 어려운 변수들로 가득합니다. 예상치 못한 문제들이 자주 발생하고, 그 과정에서 법적 분쟁으로 이어지는 경우도 적지 않게 겪게 됩니다. 저 또한 약국을 개국하고 운영하면서 수많은 상황을 겪었고, 그중에는 법적 판단이 필요했던 일들도 있었습니다. 그래서 이번 책에서는 이전 책 말미에서 다루었던 여러 법적 분쟁 상황들, 특히 개국 과정에서 발생할 수 있는 문제들이 '실제로 어떻게 전개되고', '법적으로 어떻게 해석되며', '어떤 결론'에 이르는지를 구체적으로 보여 드리고 싶었습니다. 단순히 제 개인적인 경험담을 나열하는 데 그치지 않고, 객관적이고 구체적인 사실관계와 법원의 판단이 담긴 '실제 사건 판결문'들을 직접 가져와 분석하고 해설해 보고자 합니다. 이를 통해 독자 여러분께서는 현실에서 마주할 수 있는 다양한 법적 쟁점들을 생생한 사례로 접하며, 문제 발생 시 어떻게 대처해야 할지, 그리고 사전에 무엇을 주의해야 할지에 대한 실질적인 지침을 얻으실 수 있을 것입니다. 이 책이 약국 개국의 숨겨진 이면과 탈법적 리스크를 이해하고, 나아가 여러분의 꿈에 그리는 약국을 안전하게 개국하는 데 든든한 나침반이 되기를 바랍니다.

사건 판례의 선택 기준

책에서 판례를 선정한 주된 기준은 '우리가 가장 쉽게 만날 수 있는 사건들'을 우선순위로 다루는 것입니다. 개국 과정에서 빈번하게 마주칠 가능성이 높은 사건, 법률 지식이 필요한 사례들을 중심으로 선별했음을 의미합니다. 복잡하거나 희귀한 사건보다는, 약사님들이 실제로 직면할 수 있는 문제와 유사성이 높은 사례들을 우선적으로 고려했습니다. 이러한 선정 기준은 이 책을 통해 얻은 지식을 실제 현장에서 바로 적용하고 문제를 해결하는 데 필요한 실질적인 지혜와 역량을 기르도록 돕기 위함입니다. 즉, 이론적인 중요성보다는 현실적인 유용성과 접근성에 초점을 맞춘 기준이라고 볼 수 있습니다.

선정된 판례들의 대표성은 바로 이러한 '일상적이고 실무적인 문제'라는 특정 주제와의 연관성에서 비롯됩니다. 이 판례들은 법률 전체 분야를 망라하기보다는, 직접적으로 직면할 법적 이슈들을 효과적으로 이해하고 대처하는 데 필요한 전형적인 사례들을 대표합니다. 따라서 이 판례들은 흔하게 발생하지만 해결 방법을 알면 큰 도움이 되는 유형의 문제들을 다루고 있으며, 이는 책의 목적, 즉 '실제 현장에서 부딪혔을 때 풀어 가는 지혜'를 얻는다는 목표에 부합할 것이라 생각합니다. 이 판례들은 '개국 과정에서 자주 발생하는 일들에 대한 법적인 관점'이라는 주제를 대표하며, 딱딱한 내용이지만 꼭 알아야 되는 살아 있는 문제 해결 도구로 인식하게 하는 데 도움을 줄 것입니다.

내용의 구성

특정 판례의 의미를 약사님들의 입장에서 실질적으로 이해하는 것을 돕기 위해서 다음과 같이 내용의 순서를 구성하였습니다.

1. 사건 요약

첫 번째 단계에서는 해당 사건의 내용을 간단하게 정리하고 이후 구체적인 배경과 발생한 쟁점을 면밀히 살펴봅니다. 사건의 발단이 된 상황, 관련된 당사자들의 관계, 그리고 법적 분쟁의 핵심이 되는 쟁점에 대해 명확하게 알려 드립니다. 예를 들어, 어떤 행위가 법적인 문제로 불거졌는지, 어떠한 법 조항의 해석이 논란의 중심에 놓였는지 등을 구체적으로 제시합니다. 그런 다음, 법원이 어떤 판단을 내렸을지에 대해 추론을 해 보면서 다음의 사건 판례를 보며 해당 사건의 배경과 쟁점을 조금 더 집중적으로 볼 수 있도록 구성하였습니다.

2. 판결 원문

앞서 사건 요약에서 파악한 사건의 개요과 배경, 쟁점들을 통한 추론과 법원이 내린 판결을 보다 정확하게 이해하기 위해, 실제 판결문의 내용을 제시합니다. 법원이 사용한 구체적인 용어, 논리의 흐름, 그리고 판단의 근거가 된 관련 법령 등을 직접 확인함으로써, 법원의 시각에서 사건을 객관적으로 바라볼 수 있습니다. 또한, 판결문 원문을 통해 법원이 사실관계를 어떻게 인식하고, 어떠한 법률적 원칙을 적용하여 최종 결론에 도달했는지 심층적으로 이해할 수 있을 것이며, 법원의 정확한 판단을 이해하는 데 매우 중요한 자료가 될 것입니다. 그리고 다음에서 다룰 약사 선배의 경험적 해석을 통해 사건에 대해 스스로 판단하는 기준점을 마련할 수 있을 것이라 생각합니다.

3. 개국 약사를 위한 판결의 의미와 해석

마지막으로 이 책을 쓰게 된 목적으로 법원 판결문의 내용을 개국 약사의 시각과 실제 약국 현장에서 겪은 저자의 경험을 통해 심층적으로 해석합니다. 이 판례가 약사님의 개국에 어떠한 영향을 미치고, 어떤 시사점을 던져주는지를 구체적으로 분석합니다. 판례 원문 중에서도 특히 핵심적인 부분을 발췌하여 해석의 근거로 제시하고, 법률적인 결론을 넘어 실제 계약 현장에서 어떻게 적용되고 어떤 점에 주의해야 하는지에 대한 실질적인 통찰을 제공하는 것을 목표로 하였습니다. 이 단계를 통해 개국을 준비하는 약사님들은 법적 판단이 실제 업무와 어떻게 연결되는지, 그리고 앞으로의 의사결정에 어떤 영향을 미칠 수 있는지를 명확하게 이해할 수 있을 것입니다.

이처럼 체계적인 세 단계의 분석 과정을 통해, 특정 판례의 법률적인 의미뿐만 아니라, 개국 약사님의 실질적인 개국에 있어서의 다양한 리스크를 피해 가기 위한 현실적인 지침과 판단력을 가지는 데 도움을 줄 수 있을 것으로 기대합니다.

2.
실전:
사건 판례별 심층 분석

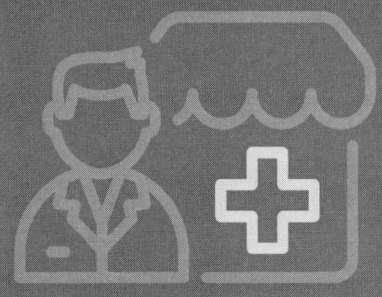

#1 약국 분양 해지 소송

1-1. 상가 분양 '병원 특약'의 배신… '5개월 만의 병원 폐업' 약사, 시행사의 사기임을 주장하며 계약 취소 소송

대전지방법원 2023. 9. 14. 선고 2021가합101981 판결 [부당이득금]

사건 요약

1. 사건의 개요

약사인 원고 A는 상가 시행사인 피고 주식회사 B로부터 상가 건물의 두 개 점포를 분양받아 약국을 개업했다. 분양 계약에는 3~6층에 병원이 임대될 예정이며, 병원이 입점하지 않으면 계약을 해지할 수 있다는 특약을 작성했다. 실제로 3층에는 치과 병원이 들어섰지만, 예정된 대형 병원은 입점하지 않았고, 잠시 들어왔던 어린이 병원도 5개월 만에 폐업했다. 이에 원고는 피고가 병원 입점 의무를 이행하지 못했다며 계약 해제를 주장하고 분양 대금 반환 및 손해배상을 청구하는 소송을 제기했다. 원고는 주위적으로 계약 해제에 따른 원상회복과 위약금을, 예비적으로 피고의 기망에 의한 계약 취소와 그로 인한 손해배상을 요구한 사건이다.

2. 사건의 쟁점

가. 주위적 청구 관련 쟁점

- 분양 계약 특약사항이 피고에게 단순히 병원을 입점시킬 의무만 부과하는지, 아니면 입점한 병원이 일정 기간(원고는 10년으로 주장) 운영되도록 할 의무까지 부과하는지 여부
- 피고가 분양 계약상의 병원 입점 의무를 불이행했는지 여부(당초 예정된 대형 병원 미입점, 어린이 병원의 단기 폐업 등)
- 원고의 계약 해제 주장이 정당한지 여부

나. 예비적 청구 관련 쟁점

- 피고가 분양 계약 체결 과정에서 병원이 10년간 운영될 것이라고 원고를 기망했는지 여부
- 피고가 분양 완료 후 병원을 곧바로 폐업시키기 위해 병원장 및 컨설팅 업체와 공모했는지 여부
- 원고의 계약 취소 주장이 정당한지 여부 및 불법행위로 인한 손해배상 책임 유무

판결 원문

원고

A 약사

피고

주식회사 B

주문

1. 원고의 청구를 기각한다.
2. 소송비용은 원고가 부담한다.

청구 취지

1. 주위적 청구 취지: 피고는 원고에게 2,438,754,400원 [중략] 돈을 지급하고, 318,098,400원에 대하여는 갚는 날까지 [중략] 돈을 지급하라.
2. 예비적 청구 취지: 피고는 원고에게 2,318,000,733원 [중략] 돈을 [중략] 돈을 지급하라.

이유

1. 인정 사실

가. 당사자의 지위

1) 피고 회사는 상업용 건물신축 및 판매업 등을 목적으로 하는 주식회사로,

세종특별자치시 C에 위치하는 지하 3층, 지상 6층 규모의 상가 건물 'D'(이하 '이 사건 건물'이라고 한다)를 신축·분양한 시행사이다.

2) 원고는 약사로, 피고 회사로부터 이 사건 건물의 E호와 F호 각 점포(이하 '이 사건 각 점포'라고 한다)를 분양받았다.

나. 원고와 피고 회사 사이의 이 사건 각 점포에 관한 분양계약 체결

1) 원고와 피고 회사는 2020. 2. 6. 원고가 피고 회사로부터 이 사건 건물의 E호 점포를 분양대금 1,108,965,000원에, F호 점포를 1,011,691,000원에 분양받기로 하는 내용의 각 분양계약을 체결하였다(이하 '이 사건 각 분양계약'이라고 한다, 갑 제3호증).

2) 그런데 이 사건 각 분양계약의 특약사항 제2호에는 '본 분양건물 '3~6층은 병원'으로 임대차계약이 되어 있다'는 취지가 기재되어 있고, 특약사항 제6호는 '병원 미입점 시 본 계약은 조건 없이 해지하기로 한다'고 정하고 있다(이하 특약사항 제6호를 '이 사건 특약사항'이라고 한다).

3) 그리고 이 사건 각 분양계약 제6조 후단은 '계약당사자는 계약 해제에 따른 손해배상을 각각 상대방에게 청구할 수 있으며, 손해배상에 대하여 별도의 약정이 없는 한 계약금을 손해배상의 기준으로 본다'고 정하고 있다.

다. 원고의 분양대금 완납 및 약국 개원

1) 원고는 이 사건 건물 E호 점포의 분양대금으로 2020. 2. 6. 계약금 166,344,750원, 2020. 7. 1. 잔금 942,620,250원을 지급하고, F호 점포의 분양대금으로 2020. 2. 6. 계약금 151,753,650원, 2020. 7. 1. 잔금 859,937,350원을 지급하여 분양대금을 완납하였고, [중략]

2) 원고는 2020. 7.경부터 이 사건 각 점포에서 약국을 개원하여 운영하였다(갑 제9, 10호증, 변론 전체의 취지).

라. 이 사건 건물의 병원 입점 현황

1) 이 사건 건물 3층에는 현재 치과병원인 'G 치과'가 입점하여 운영 중에 있다(갑 제14호증, 변론 전체의 취지).

2) 이 사건 건물 4, 5, 6층에는 2020. 8. 중순경 어린이 병원인 'H 병원'이 입점하였으나 2021. 1. 25.경까지만 운영되다가 2021. 4. 1. 폐업하였고, 이후 현재까지 다른 병원은 입점하지 않은 상태이다(다툼 없는 사실, 갑 제15호증).

마. 원고의 계약 해제 통보

원고는 2021. 2. 5. 피고 회사 측에 '현재까지 이 사건 건물 3층부터 6층까지 병원이 입점하지 못하고 있는 상황이므로 원고는 피고 회사와 체결한 분양계약 해제를 통지한다'는 취지의 내용증명을 발송하였다(갑 제11호증).

[중략]

가. 주위적 청구원인

이 사건 각 분양계약에는 '병원 미입점 시 본 계약은 조건 없이 해지하기로 한다'는 내용의 이 사건 특약사항이 포함되어 있는데, 이는 피고 회사에게 이 사건 건물에 병원을 입점시킬 의무뿐만 아니라 입점 병원을 10년간 운영하게 해야 할 의무까지 부과하는 것이다. 그런데 이 사건 건물에는 당초 3~6

층에 입점하기로 한 대형 병원이 입점하지 않았고, 이후 3층에 입점하기로 한 다이어트 전문 병원은 입점하지 않았으며, 4~6층에 입점한 어린이 병원은 약 5개월 만에 폐업하였다. 즉, 피고 회사는 이 사건 특약사항에서 정한 의무를 이행하지 못한 것이므로 이 사건 각 분양계약은 원고의 계약 해제의 의사표시가 담긴 2021. 2. 5. 자 내용증명의 도달로써 해제되었다.

따라서 피고 회사는 원고에게 계약 해제에 따른 원상회복으로 이 사건 각 점포의 분양대금 합계액 2,120,656,000원(= E호 분양대금 1,108,965,000원 + F호 분양대금 1,011,691,000원)을 지급할 의무가 있고, 계약 해제에 따른 손해배상으로 이 사건 각 분양계약 제6조에 따른 위약금 318,098,400원(= E호 계약금 166,344,750원 + F호 계약금 151,753,650원)을 지급할 의무가 있어, 결국 합계 2,438,754,400원 및 이에 대한 지연손해금을 지급할 의무가 있다.

나. 예비적 청구원인

피고 회사는 이 사건 각 분양계약 체결 과정에서 이 사건 건물에 병원이 입점하는 외관을 형성하면서 입점 병원이 10년간 운영될 것이라고 원고를 기망하고 분양 완료 후 병원을 곧바로 폐업하도록 병원장, 병원 컨설팅 업체와 공모하였다. 즉, 이 사건 각 분양계약은 피고 회사의 기망에 의하여 체결된 것이므로, 이 계약은 원고의 계약 취소의 의사표시가 담긴 2022. 5. 20. 자 준비서면의 송달로써 취소되었다.

따라서 피고 회사는 계약 취소에 따른 부당이득반환으로 이 사건 각 점포의 분양대금 합계 2,120,656,000원을 지급할 의무가 있고, 불법행위로 인한 손해배상으로 원고가 약국을 개설 및 운영하는 데 지출한 비용 상당 손해액 합계 197,344,733원을 지급할 의무가 있어, 결국 합계 2,318,000,733원 및 이에 대한 지연손해금을 지급할 의무가 있다.

3. 원고의 청구원인에 대한 판단

가. 주위적 청구원인에 대한 판단

인정 사실에 의하면, 원고와 피고 회사는 이 사건 각 분양계약을 체결하면서 이 사건 특약사항으로 '병원 미입점 시 본 계약은 조건 없이 해지하기로 한다'고 약정하였다. 이 약정은 피고 회사에 대해 이 사건 건물에 병원을 입점시킬 의무를 지우고 이를 이행하지 못했을 때에는 원고에게 해지(해제)권을 부여한 것으로 해석되므로, 이 사건 특약사항에 의해 피고 회사가 원고에게 이 사건 건물에 병원을 입점시킬 의무를 부담하고 있는 점은 인정할 수 있다.

그러나 피고 회사가 이 사건 특약사항에서 정한 병원 입점 의무를 다하지 못한 채무불이행이 있었는지에 관해 살펴보면, 인정 사실 및 앞서 채택한 증거, 증인 I, J의 증언에 변론 전체의 취지를 종합하여 인정되는 다음과 같은 사정들에 의하면, ① 이 사건 특약사항이 피고에게 이 사건 건물에 병원을 입점시킬 의무를 넘어 입점 병원을 10년간 운영하게 해야 할 의무까지 부과한다고 볼 수 없고, ② 이 사건 각 분양계약 체결 후 피고 회사가 이 사건 건물에 병원을 입점시켰거나 계약에 따라 병원을 입점시키기 위해 최선의 노력을 다했던 것으로 보인다. 따라서 이와 다른 전제에 선 원고의 주위적 청구원인인 해제 주장은 더 나아가 살필 필요 없이 이유 없다.

1) 다음과 같은 사정들에 의하면, 이 사건 특약사항이 피고 회사에게 이 사건

건물에 병원을 입점시킬 의무를 넘어 입점 병원을 10년간 운영하게 해야 할 의무까지 부과한다고 볼 수 없다.

가) 이 사건 특약사항의 문언은 '병원 미입점 시 본 계약은 조건 없이 해지하기로 한다'는 것이다. 이 문언만으로 병원 입점과 함께 10년간 병원 입점이 유지되도록 할 의무가 부과되었다고 인정할 수 없다. 원고는 이 사건 각 분양계약 체결 당시 병원이 입점하면 10년간 운영될 것이라는 설명을 들었다는 취지의 주장을 하나, 그러한 설명이 있었다고 해도 그 내용이 이 사건 각 분양계약 내용으로 포섭되었다고 인정할 증거는 없다.

나) 이 사건 각 분양계약 체결 현장에 입회하였던 원고의 동서 I는 분양계약 체결 이전과 체결 당시 피고 회사의 분양대행사 직원으로부터 "이 사건 건물에 병원이 입점하여 10년 이상 운영될 것이고 10년 이내에 병원이 나가면 피고 회사가 책임지겠다."라는 설명을 들었다는 취지로 증언하였다(I 증인신문녹취서 3쪽). 그러나 분양대행사로부터 계약 조건을 전달받아 이 사건 각 분양계약서를 작성한 피고 회사의 직원 J는 "분양대행사로부터 '입점 병원이 10년간 정상 운영이 되지 않으면 원고가 계약을 해지해도 된다'는 내용의 보고를 받은 사실이 전혀 없다."라는 취지로 증언하였다(J 증인신문녹취서 29쪽). 이상의 진술을 모아 보면, 원고가 이 사건 각 분양계약을 체결하기 전에 분양대행사 직원으로부터 병원이 입점하면 10년 이상 운영될 것이라는 취지의 설명을 들은 것으로 보인다. 그러나 이와 같은 진술 내용만으로 분양대행사의 설명 사항을 피고 회사가 알았거나 그 사항에 관한 의사의 합치가 있었다고 인정하기 부족하다.

2) 그리고 다음과 같은 사정들에 의하면, 이 사건 각 분양계약 체결 후 피고 회사가 이 사건 건물에 병원을 입점시켰거나 계약에 따라 입점시키기 위해 최선의 노력을 했다고 보여 이 사건 각 분양계약 이행에 피고 회사의 귀책사유가 있다고 볼 수 없다.

가) 이 사건 특약사항의 문언은 '병원 미입점 시 본 계약은 조건 없이 해지하기로 한다'는 것으로, 병원의 개수나 규모, 진료과목을 특정하지 않고 있다.

나) 원고는 이 사건 건물에 당초 3~6층에 입점하기로 한 대형 병원이 입점하지 않았으므로 피고 회사가 이 사건 특약사항을 이행하지 못한 것이라고 주장한다. 갑 제3, 4호증, 을 제1호증의 기재에 의하면, 피고 회사와 K 병원 병원장 L이 2017. 12. 19. 이 사건 건물 3~6층에 관하여 임대차계약을 체결하였고, 그러한 취지가 이 사건 각 분양계약 특약사항 제2호에도 기재되었는데("본 분양건물 '3~6층은 병원'으로 임대차계약이 되어 있다.") 이후 K 병원이 입점하지 못하게 된 사실은 인정된다. 그러나 갑 제5호증 및 변론전체의 취지에 기재에 의하면, 이후 피고 회사는 K 병원의 임대차계약이 무산되자 임대차를 승계하는 방법으로 3층에는 치과 및 다이어트 전문 병원을, 4~6층에는 어린이 병원을 운영할 임차인과 교섭했던 것으로 보이고, 원고 역시 이에 상응해 2020. 4. 6. 피고 회사와 사이에 처방전 발행 부수에 따라 다이어트 전문 병원 및 어린이 병원에 지원금을 지원하기로 한다는 취지의 확인서를 작성해 준 사실을 인정할 수 있다. 증인 I도 원고로부터 "K 병원에서 소아과와 다이어트 병원으로 변경이 됐는데, 약의 처방전 수가 그렇게 줄지 않을 것 같아서 변경해서 계약하겠다."라는 취지의 말을 들었다고 증언하였다(I 증인신문녹취서 5쪽). 이후 원고는 2020. 7. 1. 이 사건 각 분양계약의 잔금을 지급하고

이 사건 각 점포에서 약국 운영을 개시하였다. 피고 회사는 이처럼 입점할 병원의 주체와 진료 과목, 그리고 임대차 관계에 대한 변화 과정을 원고에게 즉시 알려 가며 이 사건 각 분양계약의 유지 및 계속 이행 여부를 타진했던 것으로 보이고, 원고 역시 이와 같은 병원의 입점 상황을 인지한 상태에서 이 사건 각 분양계약에 따른 의무를 이행해 왔던 것으로 보여, 결과적으로 K 병원이 입점하지 않았다고 해서 피고 회사가 이 사건 특약사항을 이행하지 못한 것이라고 평가할 수는 없다.

다) 이 사건 건물에 K 병원이 입점하지 못하게 된 이후 3층에 입점하기로 했던 다이어트 전문 병원이 입점하지 않았고, 4~6층에 입점한 어린이 병원은 약 5개월 만에 폐업한 사실은 앞서 인정한 바와 같다. 하지만 이로써 피고가 이 사건 특약사항을 이행하지 않은 것으로 평가할 수 없다는 점은 앞서 판단한 바와 같고, 이 사건 건물 3층에 치과 병원이 입점하여 현재까지 운영되고 있는 것으로 보여, 1) 피고 회사가 이 사건 건물에 병원을 입점시키기로 한 특약사항을 불이행했다고 평가하기는 어렵다.

나. 예비적 청구원인에 대한 판단

인정 사실 및 앞서 채택한 증거에 변론 전체의 취지를 종합하여 인정되는 다음과 같은 사정들에 의하면, ① 피고 회사가 원고에 대하여 이 사건 건물에 병원이 입점하여 10년간 운영된다고 기망하였다고 볼 수 없고, ② 피고 회사와 병원장, 병원 컨설팅 업체가 분양이 완료된 후 병원을 곧바로 폐업하도록 공모하였다고 볼 수도 없다. 따라서 이와 다른 전제에선 원고의 주위적 청구원인인 사기취소 및 불법행위 주장은 더 나아가 살필 필요 없이 이유 없다.

1) 피고 회사가 원고에 대해 이 사건 건물에 병원이 입점하여 10년간 운영된다고 기망하였는지 살펴보면, 이 사건 각 분양계약 어디에도 피고 회사에게 그와 같은 의무를 부과하는 내용이 존재하지 않고, I의 증언에 의하더라도 원고와 I는 피고 회사의 분양대행사 직원으로부터 그러한 설명을 들었다는 것이지 이로써 피고 회사가 이를 알고 있었다고 인정할 수 없다고 하는 점은 앞서 본 바와 같다.

2) 피고 회사와 병원장, 병원 컨설팅 업체가 분양이 완료된 후 병원을 곧바로 폐업하도록 공모하였는지 살펴보면, 당초 입점하기로 한 K 병원이 입점하지 않은 것은 사실이나 이후 피고 회사는 K 병원의 임대차계약을 승계할 병원을 유치하기 위해 노력한 것으로 보이고, 실제로 이 사건 건물 3층에 치과 병원이 입점하여 운영 중이고, 4~6층에 어린이 병원이 입점하여 약 5개월간 운영되었다. 여기에 피고는 코로나19 사태의 영향으로 어린이 병원이 적자운영 되었고 그 폐업 이후 다른 입점 병원을 찾는 데 어려움이 있었다고 주장하는데 실제로 2020~2021년도에는 코로나19와 관련한 정부의 사회적 거리두기, 집합금지와 같은 방역수칙이 고강도로 이루어져 병원 영업 및 병원 유치에 타격이 있었을 것으로 보이는 점까지 더해 보면 원고가 제출한 증거들만으로는 피고 회사가 병원장, 병원 컨설팅 업체와 공모하여 고의로 입점병원들을 폐업하게 하였다고 단정하기 어렵다. 피고 회사가 K 병원의 임대료를 4개월간 면제하고 개업비용을 지원했다는 등 원고 주장의 사정들만으로는 이러한 사실 인정을 뒤집기에 부족하다.

4. 결론

그렇다면 원고의 청구를 기각하기로 하여, 주문과 같이 판결한다.

1) 원고는 이 사건 건물 3층에 입점한 G 치과 병원이 정상적으로 운영되지 않고 있다고 주장하나, 갑 제14호증의 기재만으로는 그러한 사실을 인정하기 부족하다.

소송 경과
대전지방법원 2023. 9. 14. 선고 2021가합101981 판결: 원고패
대전고등법원 2024. 10. 23. 선고 2023나14948 판결

[1심에서 원고가 패소해 원고는 다시 항소하였습니다. 다음 아래의 판결문을 추가로 더 살펴본 후 사건에 대한 분석을 해 보도록 하겠습니다.]

1-2. 위 동일 소송 고등법원 판결

대전고등법원 2024. 10. 23. 선고 2023나14948 판결 [부당이득금]

사건 요약

사건의 내용은 위 1-1과 동일합니다.

판결 원문

사건
2023나14948 부당이득금

원고, 항소인
A 약사

피고, 피항소인
주식회사 B

제1심판결
대전지방법원 2023. 9. 14. 선고 2021가합101981 판결

주문
1. 원고의 항소를 기각한다.
2. 항소비용은 원고가 부담한다.

청구 취지 및 항소 취지
제1심 판결을 취소하고 아래와 같은 판결을 구한다.

1. 주위적: 피고는 원고에게 2,438,754,400원 [중략] 돈을 지급하고, 318,098,400원에 대하여는 [중략] 돈을 지급하라.

2. 예비적: 피고는 원고에게 2,318,000,733원 [중략] 지급하고, 197,344,733원에 대하여는 [중략] 돈을 지급하라.

이유

1. 제1심 판결의 인용

이 법원이 이 사건에 관하여 설시할 이유는, 제1심 판결 제9쪽 제6행의 '주위적'을 '예비적'으로 고치고, 아래 제2항과 같은 당심에서의 판단을 추가하는 외에는 제1심 판결의 그것과 같으므로 민사소송법 제420조 본문에 의하여 약어를 포함하여 이를 그대로 인용한다.

2. 추가하는 판단

가. 항소이유에 관한 판단

위 인용 부분에서 살펴본 것처럼, ① 피고 회사가 이 사건 특약사항에서 정한 병원 입점 의무를 다하지 못한 채무불이행이 있다거나, ② 피고 회사가 원고를 기망하고 분양 완료 후 병원을 곧바로 폐업하도록 병원장, 병원 컨설팅 업체와 공모했다고 보기 어렵고, 원고가 당심에서 지적하거나 추가로 제출하는 갑 제2호증의 1, 2, 제15, 22, 25, 26, 28 내지 30, 32 내지 35호증 등의 각 기재나 원고의 신청에 따른, 당심 증인 M의 증언, 이 법원의 N 은행, O 중앙회에 대한 각 금융거래정보제출명령 결과와 건강보험심사평가원, 국민건강보험공단, 보건복지부(의료자원정책과) 등에 대한 각 사실조회 결과만으로는 이 부분 관련 위 인용 부분에서의 사실관계 인정이나 판단을 뒤집기에 부족하므로, 이에 반하는 취지의 항소 이유에 관한 원고 주장은 모두 받아들일 수 없다.

나. 당심 예비적 주장에 관한 판단

또한 당심에 이르기까지 원고가 제출하거나 원고에 의하여 현출된 모든 증거들에 의하더라도, ① 이 사건 각 분양계약을 체결함에 있어 원고의 진의와 표시가 불일치했다거나, ② 계약 내용대로의 구속력을 인정한다면 신의칙에 현저히 반하는 결과가 생긴다거나, ③ 피고 회사가 이 사건에서 계약의 해제 또는 취소의 불가를 주장하는 것이 신의칙에 반한다고 보기에 부족하므로, 이에 반하는 취지의 착오, 사정변경 해지, 신의칙 위반 관련 당심 예비적 주장 역시 모두 받아들일 수 없다.

3. 결론

그렇다면 제1심 판결은 정당하므로 원고의 항소는 이유 없어 이를 기각하기로 하여 주문과 같이 판결한다.

개국 약사를 위한 판결의 의미와 해석

이 사건에서 상가 분양 '병원 특약'이 왜 무용지물이 되었는지 살펴보도록 하겠습니다. 약국 개설을 위해 상가 분양을 받는 약사에게 병원 입점 여부는 약국의 성공 가능성을 좌우하는 핵심 요소입니다. 따라서 많은 약사들이 분양계약 시 병원 입점을 조건으로 하는 특약을 삽입하곤 합니다. 하지만 특약이 제대로 작성되지 않으면, 병원 입점 약속이 지켜지지 않았음에도 법적으로 보호받기 어렵다는 것을 보여 주는 안타까운 사례가 있습니다.

▶ '병원 입점' 특약을 믿은 약사

이 사건의 원고인 약사 A 씨는 상가 시행사로부터 건물의 두 개 점포를 분양받았습니다. 계약 당시 A 씨는 상가 3~6층에 병원이 임대될 예정이며, 만약 병원이 입점하지 않을 경우 계약을 조건 없이 해지하고 손해배상까지 청구할 수 있다는 내용의 특약을 계약서에 명시하며 만반의 준비를 했다고 생각했습니다.

▶ 약국의 개국

약사는 2020년 2월 계약금을 지불하고 7월 1일 잔금을 완납한 후 약국을 오픈했습니다. 실제로 3층에는 치과가 입점했고, 2020년 8월에는 4~6층에 어린이 병원이 입점했습니다. 그러나 어린이 병원은 불과 5개월만 운영하고 2021년 1월 영업을 중단했으며, 같은 해 4월에는 폐업하기에 이르렀습니다. 이후 다른 병원이 입점하려 했으나 이마저도 무산되면서 현재까지 해당 층에 다른 병원은 들어오지 않았습니다. 이에 약사 A 씨는 시행사가 병원 유치 의무를 다하지 못했다며 분양계약 해제를 통보하고, 지급했던 분양대금 약 21억 2,000만원의 반환과 손해배상금 약 3억 1,800만원을 청구하는 소송을 제기했습니다.

▶ **약사의 주장**

약사가 소송을 통해 주장한 내용은 다음과 같습니다.

- **대형 병원 미입점**: 분양 당시 약속했던 3~6층의 대형 병원이 결국 입점하지 않았다.
- **후속 병원 계획 무산**: 대형 병원 무산 후 추진되었던 다른 병원(다이어트 병원 등)의 입점 계획마저 무산되었다.
- **단기 운영 후 폐업**: 4~6층에 입점했던 어린이 병원이 최소 10년은 운영될 것이라는 분양 직원의 구두 약속과 달리 단 5개월 만에 폐업했다.
- **의도적 폐업 의혹**: 어린이 병원의 단기 운영 후 폐업은 분양대행사와 병원이 의도적으로 짜고 개업 후 폐업한 것이라고 의심된다.

▶ **법원의 판단: 약사의 주장을 인정하지 않은 이유**

그러나 법원은 약사의 주장을 받아들이지 않고 시행사의 손을 들어 주었습니다. 그 이유는

- **계약 내용 변경에 대한 동의**: 당초 예정되었던 대형 병원 임차 계약이 무산된 후 다이어트 병원, 어린이 병원 등으로 변경되는 과정에 약사의 동의가 있었다고 판단했습니다. 약사는 계약을 완전히 파기하기보다는 분양사와 일정 부분 다른

병원의 유치로 합의한 것입니다. 다만, 이것이 화근이 된 것입니다.
- **'병원'의 입점 사실**: 비록 약사가 기대한 규모나 종류의 병원이 아닐지라도, 3층에 치과가 입점하여 운영 중이고 어린이 병원 역시 일정 기간 입점했던 사실이 존재한다고 보았습니다. 절대 인정할 수 없는 내용이지만 법원은 이것을 인정했습니다.
- **구두 약정의 증거 부족**: 분양 직원의 '최소 10년 운영'과 같은 구두 발언은 계약서에 명시되지 않았으므로 법적 효력을 인정하기 어렵다고 판단했습니다.
- **기망(사기) 증거 부족**: 분양대행사와 병원이 짜고 개업 후 폐업했다는 약사의 주장에 대해 이를 입증할 객관적인 증거가 부족하다고 판단했습니다.
- **특약의 불명확성**: 약사가 계약 해제조건으로 내세운 '병원이 입점하지 않을 경우'라는 특약 문구가 '병원'의 종류, 개수, 규모, 진료과목 등을 구체적으로 특정하지 않았기 때문에, 치과의원 하나라도 입점해 있다면 병원 유치 의무를 완전히 불이행했다고 볼 수 없다고 해석했습니다.

결론적으로 법원은 시행사가 병원 유치를 위해 나름의 노력을 다했다고 보았고, 약사가 주장하는 손해는 계약서상의 명확한 근거가 부족하여 인정하기 어렵다고 판결했습니다.

이 사례의 교훈은 '구체적인 특약의 중요성으로, 상가 분양 계약 시 또는 임대차 계약 시 병원 입점과 관련된 특약을 얼마나 구체적이고 명확하게 작성하는지가 얼마나 중요한 사항인지를 보여 줍니다. 약사는 분명 병원 입점을 전제로 계약했고, 병원이 기대와 달리 운영되어 큰 손해를 입었지만, 계약서에 명시된 '병원'이라는 단어가 너무 포괄적이어서 법적인 보호를 받지 못했습니다.
법원은 '치과'도 병원의 일종으로 보았고, 비록 짧은 기간이지만 '어린이 병원'이 입점했었다는 사실만으로도 시행사가 병원 유치 의무를 완전히 저버렸다고 보지 않은 것입니다. 약사가 생각한 '병원'과 법원이 해석하는 '병원'이 달랐고, 계약서에는 그 차이를 메울 만한 구체적인 약정이 없었던 것이 패소의 가장 큰 원인이었습니다.

위 사례를 통해 알 수 있듯이, 병원 미입점 또는 단기 운영 후 폐업으로 인한 손해를 예방하고 계약 해제 및 손해배상 청구가 가능하도록 하려면 다음과 같이 특약 내용을 구체적으로 작성해야 합니다.

▶ **특약 작성의 구체인 예**

병원의 수와 진료과목 명시

단순히 '병원'이 아니라 "내과, 이비인후과, 피부과 등 최소 3개 과 이상의 병원" 또는 "특정 진료과목 (예: 정형외과, 소아청소년과)" 등으로 구체화합니다. 치과나 한의원 등 특정 종류의 병원은 개수에 포함하지 않는다는 예외 조항도 명시하는 것이 좋습니다. 치과는 이 사건의 판결에서도 보듯이 병원 유치를 했다는 아주 좋은 변명의 수단으로 이용될 수 있습니다. 저의 경우에도 마찬가지로 치과가 병원 유치로 인정되고 더 억울한 것은 치과가 개원 목적이 아닌 단지 투자 목적으로 사뒀다는 것이었습니다. 결국 그 상가를 시세차익을 남긴 후 다른 사람에게 팔았습니다.

병원의 형태 및 규모 명시

"각 과별 개별 의원 형태"인지, "몇 병상 규모의 병원"인지, "1인 또는 2~3인 이상이 진료하는 의원"인지 등을 명시하여 최초 서로 계약 시 이야기한 내용이 정확히 들어가도록 병원의 형태와 규모를 특정해야 합니다. 나중에는 대부분의 분양업자들이 부정하는 경우가 많습니다. 계약서 내용이 없으면 불리하게 이야기했던 내용을 인정하기 싫겠죠?

병원의 최소 영업 기간 명시
　병원이 입점하더라도 단기간 운영 후 폐업하는 경우에 대비하여, "최소 2년 이상 실질적으로 병원을 운영해야 한다."라는 조건을 넣고, "3개월 이상 휴업 시 계약 해제 및 손해배상", "2년 이내 폐업 시 계약 해제 및 손해배상 청구 가능" 등의 내용을 명시하여야 합니다. 그러지 않길 바라지만 렌트프리 기간만을 채운 채 나가 버리는 일이 너무도 흔하게 발생하기 때문입니다.

미입점 또는 폐업 시 조치 명확히 하기
　약정된 병원이 특정 시점까지 입점하지 않거나, 입점 후 약정한 기간 내에 폐업하는 경우 "즉시 계약을 해지하고, 이미 납부한 분양 대금 전액을 반환하며, 그 외 추가적인 손해(대출 이자, 기회비용 등)에 대해서도 배상한다."라는 내용을 명확히 약정해야 합니다.

　병원이 입점하지 않거나 예상과 달리 운영될 경우, 약사는 병원이 없어 유동 인구가 적은 상가에 대해 막대한 분양대금을 지급하고 대출 이자 부담까지 떠안게 되는 심각한 상황에 처하게 됩니다. 이러한 위험을 막기 위해서는 분양 계약 또는 신규 약국 개설 계약 시 병원 입점과 관련된 조건을 전문가의 도움을 받아 최대한 구체적이고 명확한 특약으로 작성하는 것이 무엇보다 중요합니다. '대충 병원 들어오겠지'라는 막연한 기대나 구두 약속에 의존하지 말고, 발생 가능한 최악의 상황까지 고려하여 계약서에 꼼꼼하게 명시하는 것만이 스스로를 보호하는 유일한 길이라는 것을 명심하시기 바랍니다.

Q&A

**이런 내용을 질문을 하실 수가 있습니다.
위의 내용대로 계약서를 안 써 주는데 어떡하죠?**

- 사실 조건이 안 맞으면 안 하면 되는 것입니다. 한데, 너무 좋은 자리라는 생각을 하게 되면서 원하는 계약 내용을 써 주지 않는데도 계약 하는 경우가 많습니다. 하지만 결정 이후 혹시 모를 발생할 수 있는 손해에 대해서 누구도 책임을 대신할 수 없기에 그에 대한 답을 내려 드릴 수가 없습니다.

2. '유령 병원' 미끼 분양 30억 날릴 뻔한 약사… 현명한 기지로 사기에서 탈출!

인천지방법원 2024. 6. 11. 선고 2023가단269220 판결 [매매대금반환]

사건 요약

1. 사건의 개요

본 사건은 원고 약사 A가 피고 주식회사 B를 상대로 제기한 매매대금반환청구 소송(사건번호: 2023가단269220)으로, 부동산 분양 계약과 관련된 법적 분쟁입니다. 원고는 피고가 분양하는 상가에 대해 분양 계약을 체결하고 계약금을 지급하였으나, 병원이 들어온다고 하는 피고의 광고 내용과 실제 상황이 달라 계약을 취소하고 이미 지급한 계약금의 반환을 요구한 사건입니다.

2. 사건의 쟁점

본 사건의 핵심 쟁점은 원고가 분양 계약을 취소할 수 있는 정당한 사유가 존재하는지 여부였습니다. 원고는 피고의 허위 광고, 즉 상가 건물에 준종합병원이 확정적으로 입점할 것이라는 홍보를 믿고 계약을 체결했으므로, 이는 피고의 기망 또는 원고의 착오에 해당하기 때문에 계약이 취소되거나 해제되어야 한다고 주장했습니다. 특히 원고는 해당 상가에서 약국을 운영할 계획이었기 때문에 병원 입점 여부가 계약 체결의 매우 중요한 요소였다고 강조했습니다.

판결 원문

사건
2023가단269220 매매대금반환

원고
A

피고
주식회사 B

변론 종결
2024. 5. 21.

판결 선고
2024. 6. 11.

주문
1. 피고는 원고에게 200,000,000원 [중략] 계산한 돈을 지급하라.
2. 원고의 나머지 청구를 기각한다.
3. 소송비용은 피고가 부담한다.
4. 제1항은 가집행할 수 있다.

청구 취지

피고는 원고에게 200,000,000원 [중략] 돈을 지급하라.

이유

1. 기초 사실

가. 원고는 2022. 8. 11. 인천 연수구 C 건물(이하 '이 사건 상가 건물'이라고 한다) 분양 사업을 추진한 시행사인 피고와 사이에, 원고가 피고로부터 이 사건 상가 건물 제1층 D호(이하 '이 사건 호실'이라 한다)를 대금 합계 3,021,829,000원에 분양받기로 하는 계약을 체결하였다.

나. 원고는 피고에게 이 사건 분양계약에 따른 계약금 명목으로, [중략] 지급하였다.

다. 원고는 2022. 9. 6. 피고에게 "이 사건 분양계약은 원고가 이 사건 상가에 준종합병원이 입점할 것이라는 피고의 확약을 신뢰하여 체결되었는데, 위 확약이 지켜지지 않았으므로 피고의 고의적 기망행위를 이유로 이 사건 분양계약을 취소 내지 해지한다."라는 내용증명을 발송하였다.

2. 원고의 주장

피고 측은 이 사건 분양계약 체결 당시 원고에게 이 사건 상가 건물 3층부터 7층까지 소아청소년과, 가정의학과, 내과 등 다양한 진료과와 100실의 입원실을 갖춘 "E 병원"의 입점이 확정되었다고 홍보하였으며, 원고는 이를 신뢰하여 이 사건 분양계약 체결에 이르게 되었다. 그러나 원고는 E 병원 원장 F와 면담한 결과 신용 상태와 자산 상태가 불량한 F가 이 사건 상가 건물에서 아동발달 및 비만 클리닉을 운용하려는 계획만을 세우고 있었던 점 및 피고가 위와 같이 홍보한 내용은 실현 가능하지 않다는 점을 알게 되었다. 따라서 피고의 기망행위에 따른 원고의 착오에 기하여 체결된 이 사건 분양계약은 이행불능에 이르렀다 할 것이고, 원고는 피고를 상대로 이 사건 분양계약 취소(사기 내지 착오로 인한 취소) 또는 해제(이행불능으로 인한 해제)에 따른 부당이득반환청구 또는 원상회복청구로서 원고가 피고에게 지급하였던 이 사건 분양계약금의 반환을 구한다(만일 위와 같은 사유로 인한 이 사건 분양계약 취소 또는 해제 주장이 받아들여지지 않는다면 피고가 이 사건 분양계약 체결 후 이 사건 호실을 제3자에게 매도함으로써 계약의 이행불능이 초래되었음을 원인으로 이 사건 분양계약을 해제하고, 원상회복을 청구한다).

3. 판단

가. 착오 취소 주장에 관하여

1) 관련 법리

　동기의 착오가 법률행위의 내용의 중요 부분의 착오에 해당함을 이유로 표의자가 법률행위를 취소하려면 그 동기를 당해 의사표시의 내용으로 삼을 것을 상대방에게 표시하고 의사표시의 해석상 법률행위의 내용으로 되어 있다고 인정되면 충분하고 당사자들 사이에 별도로 그 동기를 의사표시의 내용으로 삼기로 하는 합의까지 이루어질 필요는 없지만, 그 법률행위의 내용의 착오는 보통 일반인이 표의자의 입장에 섰더라면 그와 같은 의사표시를 하지 아니하였으리라고 여겨질 정도로 그 착오가 중요한 부분에 관한 것이어야 한다(대법원 2000. 5. 12. 선고 2000다12259 판결 등 참조). 한편 동기가 타인이나 상대방에 의하여 제공되었거나 유발된 경우에는 동기의 착오라 하더라도 중요 부분의 착오로서 취소할 수 있다(대법원 1990. 7. 10. 선고 90다카7460 판결, 대법원 1997. 8. 26. 선고 97다6063 판결 등 참조).

2) 구체적 판단

현재까지 이 사건 상가 건물 3층 내지 7층에 E 병원이 입점하지 않은 사실은 당사자 사이에 다툼이 없고, 갑 제3, 4, 6호증의 각 기재 및 변론 전체의 취지를 종합하면, 이 사건 상가 건물에 관한 홍보 팸플릿에 '이 사건 상가 건물 3층부터 7층까지 68개 호실에 E 병원의 입점이 확정되었고, E 병원은 이 사건 상가건물에서 소아청소년과, 정형외과, 재활의학과, 가정의학과, 내과, 종합검진 및 내시경센터 등 다수의 진료과와 100실의 입원실을 운영할 예정'이라는 내용이 기재되어 있고, 피고는 이 사건 분양계약 체결 전 원고에게 위 팸플릿에 기재된 내용을 홍보한 사실, 피고 측 분양대행사 직원인 G는 이 사건 분양계약 체결 전인 2022. 6. 27. 원고에게 '이 사건 상가 건물 3층 내지 7층 전체에 병원 입점이 확정되었고, 전문의가 5명 들어올 예정'이라는 내용의 문자메시지를 보낸 사실, 원고는 이 사건 호실을 분양받아 그곳에서 약국을 운영할 예정이었던 사실을 인정할 수 있으며, 위 각 인정사실에 변론 전체의 취지를 더하여 알 수 있는 다음과 같은 사정, 즉 약국의 수입은 처방전 없는 일반의약품 판매행위뿐만 아니라 병원에서 발급한 처방전에 따른 의약품 조제행위에도 크게 의존하는 점, 원고는 이 사건 상가 건물에 E 병원이 입점할 예정이라는 피고 측 홍보에 결정적 영향을 받아 이 사건 분양계약 체결에 이른 점, 피고는 원고가 이 사건 상가 건물에 E 병원이 입점하리라는 인식을 갖게 된 유일한 계기를 선제적으로 제공한 점 등을 위 관련 법리에 비추어 살펴보면, 원고는 피고 측의 유발에 따라 법률행위 내용의 중요 부분에 해당하는 동기의 착오에 빠져 이 사건 분양계약을 체결하게 되었다고 평가할 수 있다. 따라서 원고는 착오를 원인으로 이 사건 분양계약을 취소할 수 있다고 봄이 타당하며, 이 사건 분양계약은 원고가 2022. 9. 6. 피고에게 발송한 내용증명의 도달 또는 이 사건 소장 부본의 송달로써 취소되었다.

3) 소결

위와 같이 원고의 이 사건 분양계약 착오 취소 주장을 받아들인 이상, 다른 선택적 또는 예비적 청구원인(이 사건 분양계약의 사기 취소 또는 해제)에 관해서는 살펴보지 않는다.

나. 소결론

피고는 원고에게 이 사건 분양계약 취소로 인한 급부부당이득의 반환으로서, 원고로부터 계약금 명목으로 지급받은 합계 200,000,000원 및 이에 대하여 원고가 구하는 2022. 8. 8. 또는 2022. 8. 11. 이후로서 계약금의 반환을 구하는 의사표시가 포함된 원고의 2022. 9. 6. 자 내용증명이 피고에게 도달하였다고 추정(대법원 2000. 10. 27. 선고 2000다20052 판결 등 참조)되는 날의 다음 날인 2022. 9. 9.부터 피고가 그 이행의무의 존부 및 범위에 관하여 항쟁하는 것이 타당하다고 인정되는 이 판결 선고일인 2024. 6. 11.까지는 상법이 정한 연 6%(상사법정이율이 적용되는 '상행위로 인한 채무'에는 상행위로 인하여 직접 생긴 채무뿐만 아니라 그와 동일성이 있는 채무 또는 그 변형으로 인정되는 채무도 포함된다는 대법원 2014. 11. 27. 선고 2012다14562 판결 등 참조), 그다음 날부터 다 갚는 날까지는 소송촉진 등에 관한 특례법이 정한 연 12%의 각 비율로 계산한 지연손해금을 지급할 의무가 있다[원고가 제출한 증거만으로는 피고가 위 내용증명 도달 전부터 이미 원고로부터 지급받은 계약금을 보유할 법률상 원인이 없음을 알고 있었다고 보기 어렵고, 달리 이를 인정할 증거가 없으므로, 피고가 민법 제748조 제2항에 따라 계약금 수령일로부터 위 내용증명 도달 이전까지의 법정이자를 부담하여야 한다는 원고의 주장은 받아들이지 않는다. 한편으로 피고는 민법 제749조 제2항에 따라 이 사건 소 제기 시부터 악의의 수익자로 간주되나(피고가 그 이전인 위 내용증명 도달 시점부터 악의의 수익자였다고 단정하기는 어렵다), 이 사건 소장 부본 송달 이후 원고의 지연손해금 청구권과 법정이자 청구권은 상호 청구권 경합의 관계에 있으므로, 원고가 위 시점 이후에도 지연손해금을 청구하는 것으로 보아 위와 같이 판단한다].

4. 결론

원고의 청구는 위 인정범위 내에서 이유 있어 인용하고, 나머지 청구는 이유 없어 기각하기로 하여, 주문과 같이 판결한다.

개국 약사를 위한 판결의 의미와 해석

상가 분양 시장에서 '병원 입점 확정'은 약국 개국을 고려하는 약사들에게 가장 강력한 홍보 문구라고 할 수 있을 것입니다. 안정적인 처방전 유입에 대한 확신을 주기 때문입니다. 그러나 이 '확정'이라는 단어를 그대로 믿었다가 낭패를 보는 경우가 적지 않습니다. 하지만, 이 소송 사건은 분양 계약 과정에서 제시된 구체적인 병원 입점 광고가 허위임을 간파하고 수십억 원의 손실을 막은 약사의 현명한 대처 사례입니다.

▶ 병원 입점 확정 광고

이 사건에서 약사는 분양대행사로부터 매우 구체적인 내용을 담은 홍보 자료를 받았습니다. 팸플릿에는 "이 상가 건물 3층부터 7층까지 총 68개 호실에 E 병원의 입점이 확정되었으며, 소아청소년과, 정형외과, 내과 등 다수의 진료과와 100실의 입원실, 5명의 전문의가 운영될 예정"이라는 내용이 명확히 기재되어 있었습니다. 심지어 분양대행사 직원은 계약 체결 전 약사에게 "3층 내지 7층 전체에 병원 입점이 확정되었고, 전문의 5명이 들어온다."라는 문자메시지까지 보내며 입점을 강조했습니다.

▶ 30억 약국 분양 결정

약사는 이렇게 구체적이고 확정적으로 제시된 대규모 병원 입점 사실에 약 30억 원에 달하는 이 사건 상가를 분양받기로 결정하고, 일단 계약금으로 2억 원을 지급했습니다. 그러나 계약금 지급 후, 약사는 개원 예정인 E 병원 원장 F 씨와의 직접 면담 과정에서 충격적인 사실을 알게 되었습니다. 원장 F 씨의 신용 상태와 자산 상태가 매우 불량했을 뿐만 아니라, 그가 실제 계획하고 있던 것은 광고에서 약속했던 대규모의 진료 병원이 아닌 소규모 아동발달 및 비만 클리닉에 불과했다는 것입니다. '확정'이라고 믿었던 E 병원의 실체는 광고 내용과는 전혀 달랐던 것입니다. 명백히 중요한 부분에 대해 속았음을 깨달은 약사는 분양 계약의 취소를 통보했습니다. 그리고 이미 지급한 계약금 2억 원을 반환하라고 요청했습니다.

▶ **소송, 법원의 판결**

법원은 분양대행사가 약사에게 제공한 팸플릿 내용 및 문자메시지에 기재된 병원의 규모, 진료과목, 병실 수 등 매우 혹한 조건의 광고 내용이 실제 E 병원 원장의 계획과 현저히 달랐다는 사실을 확인하고, 시행사 측이 약사를 속여 계약을 체결하게 했다고 판단했습니다. 결국 약사의 주장을 받아들여 분양 계약은 기망에 의해 취소되었으므로, 시행사는 약사에게 이미 지급받은 계약금 2억 원을 반환해야 한다고 판결했습니다.

▶ **계약서상의 특약의 중요성**

이 사례는 앞서 살펴보았던, 계약서상 특약이 불분명해서 차후에 병원이 미입점되거나 계약된 내용과 다르게 병원이 입점한 후, 즉 이미 분양대금 대부분을 납입한 후 소송을 진행하면서 어려움을 겪는 경우와 대비됩니다. 이 사건 약사는 분양대금 전부를 납입하기 전 계약금만 지급한 상태에서 허위 사실을 간파하고 즉시 계약 취소 및 소송이라는 강력한 수단을 동원했기에 수십억의 분양대금에 대한 잠재적 손실을 효과적으로 막을 수 있었습니다. 약사의 빠르고 현명한 판단과 행동

이 빛을 발한 결과라 할 수 있습니다.

상가 분양 시 '병원 입점 확정'과 같은 광고 문구를 절대로 맹신해서는 안 되며, 분양사나 관계자들에 의해 제시된 정보가 사실인지 스스로 확인하려는 노력이 절대로 중요하다는 것들 보여 주고 있습니다. 만약 계약 과정에서 제공된 병원 관련 정보가 허위임이 드러났거나, 약속했던 병원의 입점이 처음부터 불가능했음이 밝혀졌다면, 망설이지 말고 법률 전문가(변호사)와 상담하여 계약 취소 가능성을 검토해야 합니다.

▶ 빠른 판단, 더 늦지 않게

비록 소송이라는 과정이 부담될 수 있지만, 명백한 허위 사실에 속아 체결된 계약은 취소하고 지급한 분양대금을 반환받는 것이 정당한 권리를 찾는 길입니다. 약속을 지키지 않은 상대방과의 관계를 조기에 정리하고 추가적인 손실을 막기 위해서는 신속하고 단호한 법적 대응이 필수라는 사실을 명심하셔야 합니다.

그들의 말이 진실인지 아닌지를 판단하지 말고, 계약된 사실관계만 보고 현명하게 대응하시기 바랍니다.

3. 19억 주고 분양받은 약국 자리, 병원 불발로 소유권 잃은 건물주, 폐업 약사에 "밀린 임대료 내놔라"

서울중앙지방법원 2023. 7. 3. 선고 2022가단5237343 판결 [기타(금전)]

사건 요약

1. 사건의 개요

원고 A는 분양회사 C로부터 약국 지정 점포를 분양받고, 이 점포를 다시 피고 B 약사에게 임대하는 계약을 체결하였습니다. 그리고 이 점포에서 약국을 운영하다가 폐업하였습니다. 하지만 월 임대료를 일부만 지급하고 이후 미지급하였습니다. 원고는 분양계약 당시 약속되었던 특정 병원이 입점하지 않자 C와 분양계약을 합의 해제하고 점포 소유권을 상실하였습니다. 원고는 분양취소 전까지의 미지급 임대료에 대해 약사에게 보증금을 공제한 나머지 금액의 지급을 청구하는 소송을 제기하였고, 법원은 원고의 청구를 일부 인용하여 약사에게 미지급 차임 상당액 및 지연손해금을 지급하라고 판결하였습니다.

2. 사건의 쟁점

원고는 2018년 7월 분양회사로부터 화성의 D 건물의 1층을 약 19억에 분양받으면서 병원이 입점하지 않을 경우 원고에게 분양대금 원금을 반환하기로 약정하였습니다. 반면 피고 약사는 원고와 보증금 1억 원, 월세 850만 원에 임대차계약을 체결하고 약국을 운영하다가 초기 6개월 치 임대료만 지급하고 이후 임대료를 미지급한 채 2019년 약국을 폐업했습니다.

주요 쟁점

가. 피고는 원고에게 소유권 상실 시점까지의 미지급 차임을 지급할 의무가 있는지 여부.

나. 피고는 임대차계약 체결 당시 이 사건 병원 입점이 묵시적인 계약 조건이었고, 병원이 입점하지 않았으므로 계약 해제에 따라 차임 지급 의무가 없다고 주장했습니다.

다. 피고는 원고가 C와 분양계약을 해제한 것이 피고와의 임대차계약에 대한 묵시적 해제 의사 표시라고 주장했습니다.

라. 피고는 임대인인 원고에게 병원 입점을 위한 신의칙상 협력 의무가 있었는데 이를 불이행하여 계약 목적을 달성할 수 없게 되었으므로 계약 해제가 정당하다고 주장했습니다.

마. 피고는 이 사건 병원 미입점이 사정 변경에 해당하므로 이를 이유로 임대차계약을 해제할 수 있다고 주장했습니다.

바. 피고는 병원 입점이 임대차계약의 중요 부분에 해당하는데 착오로 계약했으므로 취소한다고 주장했습니다.

판결 원문

원고
A

피고
B

변론 종결
2023. 4. 10.

판결 선고
2023. 7. 3.

주문
1. 피고는 원고에게 78,500,000원 [중략] 돈을 지급하라.
2. 원고의 나머지 청구를 기각한다.
3. 소송비용은 피고가 부담한다.
4. 제1항은 가집행할 수 있다.

청구 취지
피고는 원고에게 78,500,000원 [중략] 돈을 지급하라.

이유

1. 기초 사실

가. 원고는 2018. 6. 4. 유한회사 C(이하 'C'라고 한다)와 화성시 D 건물 E 동(이하 '이 사건 건물'이라고 한다) 중 제1층 F호(이하 '이 사건 점포'라고 한다)를 대금 1,911,600,000원에 분양받기로 하는 분양계약(이하 '이 사건 분양계약'이라고 한다)을 체결하였다.

나. 이 사건 분양계약 체결 당시 C는 이 사건 점포를 약국으로 지정하고 이 사건 건물의 다른 호실은 약국으로 매매 또는 임대하지 않으며, 이 사건 건물에 내과, 소아과, 정형외과, 이비인후과, 가정의학과, 산업의학과, 영상의학과 전문의 7인이 있는 병원(이하 '이 사건 병원'이라고 한다)을 입점시키기로 하면서 위와 같은 병원이 입점하지 않을 경우 원고에게 분양대금 원금을 반환하기로 약정하였다.

다. 원고는 2018. 7. 30.까지 C에게 분양대금 1,911,600,000원을 지급하였고, 같은 날 이 사건 점포에 관하여 소유권이전등기를 마쳤다.

라. 피고는 2018. 7. 30. 원고와 이 사건 점포를 보증금 100,000,000원, 월차임 8,500,000원(매월 30일 지급), 임대차기간 2018. 7. 30.부터 2023. 7. 29.까지로 정하여 임차하기로 하는 임대차계약(이하 '이 사건 임대차계약'이라고 한다)을 체결하였다.

마. 피고는 이 사건 임대차계약에 따라 원고에게 보증금 100,000,000원을

지급하고 원고로부터 이 사건 점포를 인도받아 'G 약국'이라는 상호로 약국(이하 '이 사건 약국'이라고 한다)을 운영하다가 2019. 6. 30. 폐업하였으며, 원고에게 2018. 8. 30.부터 2019. 1. 30.까지 6개월분 차임 합계 51,000,000원을 지급하였다.

바. 한편 이 사건 분양계약 체결 이후 이 사건 건물 3, 4, 5, 6층에 2018. 8. 7. 직업환경의학과 등 9개 과목을 진료할 수 있는 병원인 'H 병원'이 입점하였다가 2019. 6. 7. 폐업하였는데, 원고는 2019. 5. 23.경 C에게 이 사건 건물에 내과, 소아과, 정형외과, 이비인후과, 가정의학과, 산업의학과, 영상의학과 전문의 7인이 있는 병원을 2019. 6. 7.까지 입점시킬 것을 최고하면서 이를 이행하지 못할 경우 이 사건 분양계약을 해제한다고 통지하였다.

사. 그 후 원고는 2020. 10. 30. 이 사건 점포에 관하여 마친 원고 명의의 소유권이전등기를 이 사건 분양계약의 합의해제를 원인으로 말소하였다.

[인정근거] 다툼 없는 사실, 갑 제1, 2, 3호증, 을 제1, 10호증(가지번호 있는 경우 가지번호 포함)의 각 기재, 변론 전체의 취지

2. 당사자의 주장 요지

가. 원고의 주장 요지

피고는 이 사건 임대차계약에 따라 임대차기간 동안 원고에게 차임을 지급할 의무가 있음에도 불구하고 2019. 1. 30.까지의 차임만 지급하고 그 이

후의 차임은 지급하지 않았는바, 피고는 원고에게 2019. 2.분부터 원고가 이 사건 점포의 소유권을 상실하여 임대인의 지위가 C에게 승계된 2020. 10.분까지 21개월분 차임 합계 178,500,000원을 지급할 의무가 있다. 이에 원고는 위 연체차임에서 이 사건 임대차계약에 따라 피고로부터 지급받은 보증금 100,000,000원을 공제한 나머지 78,500,000원 및 이에 대한 지연손해금의 지급을 구한다.

나. 피고의 주장 요지

1) 원고와 피고는 이 사건 임대차계약 체결 당시 이 사건 병원이 이 사건 건물에 입점하는 것을 조건으로 하기로 묵시적 합의하였다. 그런데 이 사건 병원이 이 사건 건물에 입점하지 않았고, 이에 피고가 2019. 3. 21.경 이 사건 임대차계약의 해제를 통보하고 이 사건 점포를 원고에게 인도하였으며, 2019. 6. 30.경 이 사건 약국을 폐업하였는바, 피고는 차임을 지급할 의무가 없다.

2) 원고는 2019. 5. 23. C에게 이 사건 건물에 이 사건 병원을 2019. 6. 7.까지 입점시킬 것을 최고하면서 이를 이행하지 못할 경우 이 사건 분양계약을 해제한다고 통지하였고, C가 이를 이행하지 못함으로써 이 사건 분양계약이 2019. 6. 8. 해제되었는바, 원고는 이 사건 병원의 입점을 조건으로 체결된 이 사건 임대차계약에 대해서도 묵시적으로 해제의 의사표시를 하였다고 보아야 한다. 따라서 원고와 피고의 이 사건 임대차계약 해제에 대한 의사합치가 이루어졌으므로 이 사건 임대차계약은 묵시적으로 해제되었다고 할 것인바, 피고는 차임을 지급할 의무가 없다.

3) 원고와 피고는 이 사건 건물에 이 사건 병원이 입점하는 것을 전제로 이

사건 임대차계약을 체결하였는바, 임대인인 원고는 임차인인 피고에 대하여 이 사건 건물에 이 사건 병원이 입점하도록 하여야 할 신의칙상 협력의무가 있다. 그런데 원고가 이를 게을리하여 이 사건 건물에 이 사건 병원이 입점하지 못하게 되어 이 사건 임대차계약은 그 목적을 달성할 수 없거나 피고에게 그 유지를 더 이상 기대할 수 없게 되었다. 이에 피고가 이 사건 임대차계약을 해제하였으므로, 피고는 차임을 지급할 의무가 없다.

4) 원고와 피고는 모두 C의 분양담당 직원으로부터 이 사건 병원이 입점한다는 말을 듣고 이 사건 분양계약 및 임대차계약을 체결하였다. 이 사건 병원이 입점할 수 없게 된 것은 계약 당시 예견할 수 없었던 현저한 사정의 변경이라고 할 것인바, 피고는 위와 같은 사정변경을 이유로 이 사건 임대차계약을 해제하였다. 따라서 피고는 차임을 지급할 의무가 없다.

5) 나아가 이 사건 병원의 입점은 이 사건 임대차계약의 중요 부분에 해당하는데, 피고는 이 사건 병원이 입점할 수 없음에도 불구하고 착오로 이 사건 임대차계약을 체결하였으므로 민법 제109조 제1항에 따라 이 사건 임대차계약을 취소한다. 따라서 피고는 원고에게 차임을 지급할 의무가 없다.

3. 판단

가. 청구원인에 대한 판단

피고가 보증금을 100,000,000원, 임대차기간을 2018. 7. 30.부터 2023. 7. 29.까지로 정하고 원고에게 차임으로 월 8,500,000원(매월 30일 지급)을 지급하기로 하는 내용의 이 사건 임대차계약을 체결하고 원고에게 위 보증금 100,000,000원을 지급한 사실, 이 사건 분양계약이 해제되어 이 사건 점포에 관하여 마쳐진 원고 명의의 소유권이전등기가 2020. 10. 30. 말소된 사실, 피고가 원고에게 이 사건 임대차계약에 따라 2018. 8. 30.부터 2019. 1. 30.까지 6개월분 차임 합계 51,000,000원을 지급한 사실은 앞서 본 바와 같다.

위 인정사실에 의하면 피고는 이 사건 임대차계약에 따라 원고에게 이 사건 분양계약이 해제되어 원고 명의의 소유권이전등기가 말소됨으로써 상가건물 임대차보호법 제3조 제2항에 따라 원고가 임대인의 지위를 상실한 2020. 10. 30.까지의 차임을 지급할 의무가 있다.

따라서 피고는 특별한 사정이 없는 한 원고에게 2019. 2. 1.부터 2020. 10. 30.까지 21개월분 차임 합계 178,500,000원(= 8,500,000원 × 21개월)에서 보증금 100,000,000원을 공제한 나머지 78,500,000원 및 이에 대한 지연손해금을 지급할 의무가 있다.

나. 피고의 주장에 대한 판단

1) 묵시적 합의 주장에 대한 판단

피고는 이 사건 임대차계약 체결 당시 원고와 사이에 묵시적으로 이 사건 건물에 이 사건 병원이 입점하는 것을 조건으로 하였다고 주장한다.

그러나 위 기초 사실 및 앞에서 든 각 증거들에 변론 전체의 취지를 종합하여 알 수 있는 다음과 같은 사정들에 비추어 보면, 피고가 제출한 증거들만으로는 원고와 피고 사이에 이 사건 병원의 입점을 조건으로 하여 이 사건 임대차계약을 체결하기로 하는 묵시적 합의가 있었다는 사실을 인정하기에 부족하고, 달리 이를 인정할 만한 증거가 없다. 따라서 피고의 위 주장은 받아들이지 않는다.

가) 피고가 이 사건 임대차계약을 체결하는 과정에서 이 사건 건물의 분양업무를 담당하던 C의 직원으로부터 이 사건 건물에 이 사건 병원이 입점할 예정이라는 설명을 들은 것 외에 원고가 피고에게 이 사건 병원을 입점시키기로 약속하였거나 이러한 내용을 계약조건으로 하기로 협의하였음을 인정할 만한 증거가 없다.

나) 이 사건 임대차계약 당시 작성된 계약서의 특약사항에는 계약종료에 따른 임차인의 원상회복의무, 화재보험, 권리금 등 구체적인 계약조건이 명시되어 있고, 심지어 이 사건 점포를 약국으로만 사용할 수 있다는 등의 내용까지 기재되어 있음에도 불구하고 이 사건 병원의 입점을 조건으로 한다는 내용은 찾아볼 수 없는데, 피고의 주장과 같이 이 사건 병원의 입점이 이 사건 임대차계약의 효력 자체를 좌우하는 중요한 내용이라면 계약서 특약사항에 이를 기재하지 않은 것은 납득하기 어렵다.

다) 이 사건 분양계약의 내용 및 이 사건 임대차계약의 체결 과정 등을 고려하면 이 사건 임대차계약 체결 당시 이 사건 건물에 이 사건 병원이 입점할 것을 예상하여 보증금과 차임의 액수를 정하였을 것으로 보이나, 그러한 사정만으로 원고와 피고가 이 사건 병원이 입점하지 않는 경우 이 사건 임대차계약을 해제할 수 있는 것으로 묵시적으로 합의하였다고 볼 수 없고, 원고가 C와 이 사건 분양계약을 체결하면서 이 사건 병원이 입점하지 않을 경우 원고에게 분양대금 원금을 반환하기로 약정하였다는 사정만으로 피고와의 이 사건 임대차계약에서도 묵시적으로 같은 약정을 한 것으로 인정할 수도 없다.

2) 묵시적 해제 주장에 대한 판단

　피고는 원고가 이 사건 병원을 입점시키지 못하였음을 이유로 C에 대하여 이 사건 분양계약의 해제하였다면서 이는 피고에 대하여 이 사건 임대차계약을 해제한다는 의사를 묵시적으로 표시한 것이라고 주장한다.

　그러나 원고와 피고 사이에 이 사건 병원의 입점을 이 사건 임대차계약의 조건으로 하기로 합의하였음을 인정할 만한 증거가 없음은 앞서 살핀 바와 같고, 피고가 아닌 C를 상대로 이 사건 임대차계약이 아닌 이 사건 분양계약을 해제하겠다는 의사표시를 한 것을 두고 원고가 묵시적으로 피고에 대하여 이 사건 임대차계약의 해제 의사표시를 한 것이라고 볼 수 없다. 따라서 피고의 위 주장도 받아들이지 않는다.

3) 신의칙상 협력의무 불이행에 따른 해제 주장에 대한 판단

　피고는 이 사건 임대차계약이 이 사건 병원이 입점하는 것을 전제로 체결되었다면서 임대인인 원고에게 이 사건 병원이 입점하도록 하여야 할 신의칙상 협력의무가 있다고 주장한다.

　그러나 원고와 피고가 이 사건 건물에 이 사건 병원이 입점하는 것을 전제로 이 사건 임대차계약을 체결하였다거나 원고가 피고에게 이 사건 병원이 이 사건 건물에 입점하도록 해 주겠다고 약속하였음을 인정할 만한 증거가 없다. 따라서 이와 다른 전제에 선 피고의 위 주장도 받아들일 수 없다.

4) 사정변경에 따른 해제 주장에 대한 판단

　계약 성립의 기초가 된 사정이 현저히 변경되고 당사자가 계약의 성립 당시 이를 예견할 수 없었으며, 그로 인하여 계약을 그대로 유지하는 것이 당사자의 이해에 중대한 불균형을 초래하거나 계약을 체결한 목적을 달성할

수 없는 경우에는 계약준수원칙의 예외로서 사정변경을 이유로 계약을 해제하거나 해지할 수 있다. 여기에서 말하는 사정이란 당사자들에게 계약 성립의 기초가 된 사정을 가리키고, 당사자들이 계약의 기초로 삼지 않은 사정이나 어느 일방당사자가 변경에 따른 불이익이나 위험을 떠안기로 한 사정은 포함되지 않는다(대법원 2021. 6. 30. 선고 2019다276338 판결 등 참조).

원고와 피고가 이 사건 임대차계약을 체결할 당시 이 사건 건물에 이 사건 병원이 입점할 것을 고려하여 보증금과 차임의 액수를 정하였을 것으로 보이기는 하나, 이러한 사정만으로 원고와 피고가 이 사건 병원의 입점을 이 사건 임대차계약 성립의 기초로 삼았다고 보기 어렵고, 달리 이를 인정할 만한 증거가 없다. 따라서 피고의 이 부분 주장도 받아들일 수 없다.

5) 착오에 따른 취소 주장에 대한 판단

피고는 이 사건 병원의 입점이 이 사건 임대차계약의 중요 부분에 해당한다고 주장하나, 원고와 피고가 이 사건 임대차계약 체결 당시 이 사건 병원의 입점을 조건으로 하기로 합의하였음을 인정할 만한 증거가 없음은 앞서 본 바와 같고, 이 사건 병원의 입점 여부에 대한 피고의 착오는 동기의 착오에 불과할 뿐 이 사건 임대차계약의 중요 부분에 관한 착오에 해당한다고 보기 어렵다.

그런데 이 사건 임대차계약 체결 당시 피고가 위와 같은 동기를 의사표시의 내용으로 삼을 것을 원고에게 표시하였거나 원고로 인하여 위와 같은 동기의 착오가 유발되었다고 볼 만한 증거가 없다. 따라서 피고의 위 주장도 받아들이지 않는다.

다. 소결론

결국 피고는 원고에게 이 사건 임대차계약에 따른 21개월분 차임 178,500,000원(= 8,500,000원 × 21개월)에서 보증금 100,000,000원을 공제한 나머지 78,500,000원 및 이에 대하여 원고가 임대인의 지위를 상실함으로써 피고와의 임대차관계가 종료된 다음 날인 2020. 10. 31.부터 이 사건 소장 부본 송달일까지는 상법이 정한 연 6%, 그다음 날부터 다 갚는 날까지는 소송촉진 등에 관한 특례법이 정한 연 12%의 각 비율로 계산한 지연손해금을 지급할 의무가 있다.

4. 결론

그렇다면 원고의 이 사건 청구는 위 인정범위 내에서 이유 있어 이를 인용하고, 나머지 청구는 이유 없어 이를 기각하기로 하여 주문과 같이 판결한다.

개국 약사를 위한 판결의 의미와 해석

피고는 2018. 7. 30. 원고와 이 사건 점포를 보증금 1억 원, 월차임 850만 원 임대차기간 2018. 7. 30.부터 2023. 7. 29.까지로 하고 약국을 개설하였습니다. 그런데 2019. 6. 30. 폐업하였으며, 원고에게 2018. 8. 30.부터 2019. 1. 30.까지 6개월분 차임 합계 51,000,000원을 지급하였습니다.

한편, 2018년 8월 건물 3층부터 6층에는 병원이 입점하였다가 2019. 6. 7. 폐업하였고, 원고는 분양회사에 2019. 6. 7.까지 병원을 입점시키지 않으면 분양계약을 취소하겠다고 했고 결국 2020. 10. 30. 분양계약이 해지되었습니다.

▶ 분양취소, 임대인의 지위 상실 그런데…

그런데 문제는 임대인이 약사에게 분양이 취소되기까지의 임대료를 납부하라고 소송을 한 것입니다. 미납된 임대료가 보증금 1억을 제외하고도 7,850만 원이나 부족하다는 것이 이유였습니다.

약사는 병원이 들어오는 것을 전제로 성사된 계약이므로 병원이 들어오지 않았고 임대인도 분양 계약을 취소하겠다고 통보했으니 약국이 폐업한 시점으로 임대료를 지급할 의무가 없는 것이 아니냐는 주장이었습니다. 하지만 법원은 원고가 분양계약을 해지하여 완전히 임대인의 지위를 상실한 날까지 임대료를 지급해야 한다고 판결했습니다.

▶ 임대인과의 특약 부재

원고가 상가를 분양받으면서 당연 병원의 입점 여부를 두고 분양해제 특약을 달았음에도 불구하고 약국은 왜 이러한 특약을 작성하지 않았는지 의문입니다.

약사인 자신이 분양받지 않는다고 하더라도 병원이 입점되지 않거나 폐업 또는 영업을 중단하게 되면 동일하게 임대차계약이 해지된다는 특약을 작성해야 했던 것입니다. 분양이 해제되면 모든 것이 끝나게 된다고 안일하게 생각해서 특약을 작성하지 않는다면 이런 일이 발생할 수 있습니다. 우리가 착오로 아니면 당연히 병원이 없어지면 계약은 해지된다고 착각을 할 수 있는데 현실은 그렇게 녹록지 않음을 이 사건에서 볼 수가 있습니다. 사실 임대인도 이 사실을 알고 있을 것입니다. 본인은 분양금만 돌려받으면 큰 손해는 없을 것인데 병원이 들어온다고 하여 임대차계약을 한 약사에게 병원도 없는데 850만 원이라는 거액의 임대료를 내라고 요구하는 것입니다.

▶ 법원의 판단

병원이 없어졌는데 임대료를 내라? 이해가 안 되는 이야기이지만 판사는 이를 반영해 주지 않는 판결을 한 것입니다. 법원의 판단은 우리의 생각과 많이 다릅니다. 불과 21개월 만에 약국은 아무런 소득도 없이 2억에 가까운 돈에 대해 막대한 손실을 입었습니다. 약국만 손해를 감수해야 한다는 것이 너무도 안타깝습니다.

▶ 특약의 중요성

병원의 입점이 되지 않으면 임대차계약을 해지한다는 조항을 삽입했다면, 더 나아가 입점되지 않은 시기를 특정하거나 입점되지 않은 그 시점부터 임대료를 지불해야 하는 의무를 지지 않는다는 조항을 삽입했다면 약국이 비록 개국을 하였다 하더라도 병원의 개원이 안 된 만큼 처음부터 임대료는 발생하지 않았을 것이고 그만큼의 손해는 덜 발생했을 것입니다.

꼭 이 점을 명심하시고 임대인과 임대차계약서를 작성할 때도 임대차계약의 원인이 되는 병원의 정상적인 영업에 대해서 특약을 작성해야 합니다.

4. 병원입점 특약 불이행 '상가 매매 해지하고, 2억 원을 손해배상 하라!!'

수원지방법원 2024. 4. 25. 선고 2023가합12985 판결 [매매대금반환]

사건 요약

1. 사건의 개요

이 사건은 원고가 피고와 체결한 상가 매매계약이 무효 또는 해제되었음을 주장하며, 피고에게 매매대금의 반환과 손해배상을 청구한 소송입니다. 원고는 매매계약에 포함된 '건물 2층에 병원이 입점하지 않거나 2년 이내 폐업할 경우 계약을 무효로 한다'는 특약(이 사건 특약)이 이행되지 않았으므로 계약이 해제되었다고 주장했습니다. 법원은 원고의 주장을 일부 받아들여, 피고는 원고에게 별지 목록 기재 부동산(이 사건 상가)에 관하여 마쳐진 원고 명의의 소유권이전등기의 말소등기절차를 이행받음과 동시에, 원고에게 14억 5,000만 원과 그 중 12억 5,000만 원에 대한 지연 이자를 지급하라고 판결했습니다.

2. 사건의 쟁점

피고는 2019년 3월경 주식회사 C로부터 이 사건 상가를 매수하여 소유권이전등기를 마쳤습니다. 매매계약의 중요한 특약사항으로 '이 사건 건물 2층에 병원이 오픈하지 않거나 2년 이내 폐업할 경우 이 사건 매매계약을 무효'로 한다는 내용이 포함되었습니다.

주요 쟁점

가. 매매계약 체결 여부: 피고는 원고와 매매계약을 체결한 사실이 없으며 매매대금을 받은 적도 없다고 주장했습니다.

나. 특약의 의미와 효력: 건물 2층 병원 입점에 관한 특약이 매매계약의 중요한 부분인지, 그리고 피고의 병원 입점 의무 이행 기한이 도래했는지 여부가 쟁점이 되었습니다.

다. 계약 해제의 적법성: 피고가 이 사건 특약에 따른 병원 입점 의무를 이행하지 않은 것이 계약 해제 사유가 되는지, 그리고 원고의 계약 해제 의사표시가 적법했는지 여부입니다.

라. 원상회복 및 손해배상 범위: 계약 해제에 따른 원고의 매매대금 반환 청구 및 손해배상 청구의 범위가 쟁점이 되었습니다. 피고는 원상회복 의무와 원고의 상가 인도 및 등기 말소 의무가 동시이행 관계에 있으며, 원고의 상가 사용 이익을 상계해야 한다고 주장했습니다.

판결 원문

사건

2023가합12985 매매대금반환

원고

A

피고

B

변론 종결

2024. 3. 14.

판결 선고

2024. 4. 25.

주문

1. 피고는 원고로부터 별지 목록 기재 부동산에 관하여 대구지방법원 경산등기소 2021. 8. 2. 접수 제35632호로 마친 소유권이전등기의 말소등기절차를 이행받음과 동시에 원고에게 1,450,000,000원과 그중 1,250,000,000원 [중략] 돈을 지급하라.
2. 원고의 나머지 청구를 기각한다.

3. 소송비용은 각자 부담한다.
4. 제1항은 가집행할 수 있다.

청구 취지

피고는 원고에게 1,500,000,000원 및 그중 250,000,000원에 [중략] 250,000,000원 [중략] 750,000,000원에 대하여는 2021. 8. 2.부터, 나머지 250,000,000원 [중략] 돈을 지급하라.

이유

1. 기초 사실

가. 피고는 2019. 3. 8. 주식회사 C(이하 'C'라고 한다)로부터 경산시 D, E 지상 F 건물(이하 '이 사건 건물'이라고 한다) 중 1층 G호(이하 '이 사건 상가'라고 한다)를 매수하고, 2019. 4. 4. 이 사건 상가에 관하여 매매를 원인으로 한 소유권이전등기를 마쳤다.

나. 원고와 피고 명의로 이 사건 상가에 관하여 2020. 10. 28. 자 매매계약서(갑 제1-1호증, 이하 '최초계약서'라고 한다)가 작성된 이후, 이 사건 계약서의 내용 중 상가인도일, 중도금·잔금 지급일, 특약사항 등이 여러 번 수정되어 2021. 7. 15. 최종 계약서(갑 제1-4호증, 이하 '최종계약서'라고 한다)가 작성되었는데, 그 주요 내용은 아래와 같다.

다. 원고는 피고 명의의 농협은행 계좌로, ① 2020. 10. 28. 계약금 250,000,000원, ② 중도금 2021. 1. 4. 250,000,000원, ③ 2021. 8. 2. 잔금 중 일부인

307,506,225원을 지급하였고, ④ 같은 날 이 사건 상가를 담보로 대출을 받아 피고에게 나머지 잔금 442,493,775원을 지급하였다.

라. 원고는 2021. 8. 2. 이 사건 상가에 관하여 2021. 7. 25. 자 매매를 원인으로 소유권이전등기를 마쳤고, 그 무렵 이 사건 상가를 인도받았다.

2. 당사자의 주장

가. 원고의 주장

원고는 피고와 사이에 이 사건 상가에 관한 매매계약(이하 '이 사건 매매계약'이라 한다)을 체결하면서, 특약사항으로 '이 사건 건물 2층에 병원이 오픈하지 않거나 2년 이내 폐업할 경우 이 사건 매매계약을 무효'로 하기로 약정(이하 '이 사건 특약'이라고 한다)하였다. 그럼에도 피고는 이 사건 건물 2층에 병원을 입점시키지 못하였으므로 원고는 민법 제544조의 이행지체 또는 이 사건 특약 위반을 이유로 이 사건 매매계약을 해제한다.

따라서 피고는 원고에게 계약 해제에 따른 원상회복으로 이 사건 매매대금을 반환하고, 이 사건 매매계약 제6조에 따라 계약금 상당의 손해배상금을 지급할 의무가 있다.

나. 피고의 주장

1) 피고는 원고와 사이에 이 사건 매매계약을 체결한 사실이 없다. 원고로부터 계약금 및 중도금 합계 5억 원을 지급받지도 못하였다.
2) 이 사건 특약에 의하더라도, 피고가 언제까지 이 사건 건물 2층에 병원을 입점시켜야 한다는 기한은 없다. 피고가 병원 입점을 위하여 여전히 노력

하는 이상 피고가 적어도 아직은 이 사건 특약을 위반한 것은 아니다.

3) 설령 이 사건 매매계약이 해제되더라도, 피고의 원상회복의무와 원고의 이 사건 상가 인도 및 소유권이전등기의무는 동시이행관계에 있다. 또한 원고도 이 사건 상가의 사용이익 상당 반환의무가 있으므로 이를 피고의 매매대금 반환채무 등과 상계 내지는 공제하여야 한다.

3. 이 사건 매매계약의 해제 여부에 관한 판단

가. 이 사건 매매계약 체결 여부에 관하여

1) 처분문서는 그 성립의 진정함이 인정되는 이상 법원은 그 기재 내용을 부인할 만한 분명하고도 수긍할 수 있는 반증이 없는 한 그 처분문서에 기재되어 있는 문언대로의 의사표시의 존재와 내용을 인정하여야 한다(대법원 2002. 6. 28. 선고 2002다23482 판결 참조).

2) 앞서 든 증거, 갑 제15, 16호증의 각 기재에 변론 전체의 취지를 종합하여 인정할 수 있는 아래의 사정들에 비추어 보면, 피고는 이 사건 상가의 매도인으로서 원고와 이 사건 매매계약을 체결한 사실 및 그 매매대금을 전부 지급받은 사실을 인정할 수 있다. 따라서 피고의 이 부분 주장은 이유 없다.

가) 피고는 C의 대표이사 H로부터 '이 사건 상가의 계약금만 지급하고 매수하면 나머지 잔금은 대출로 충당하고, 위 상가를 임대하면 월세 300만 원 정도를 받을 수 있도록 해 주겠다'는 제안을 받아 C로부터 이 사건 상가를 매수하면서, H에게 이 사건 상가에 관한 처분권한을 위임한 것으로 보인다.

나) 피고가 2019. 4. 4. C로부터 이 사건 상가에 관한 소유권이전등기를 받은 날에 이 사건 상가에 채무자를 피고로, 근저당권자를 I 조합으로 한 채권최고액 5억 7,200만 원의 근저당권설정등기를 마쳤는데, 위 근저당권설정 등기는 2021. 8. 2. 이 사건 상가에 관하여 원고의 소유권이전등기가 마쳐지면서 같은 날 해지를 원인으로 말소되었다. 이처럼 이 사건 상가의 소유권자 명의가 피고에서 원고로 변경되고, 채무자를 피고로 한 근저당권설정등기가 말소된 과정에서 피고가 이 사건 매매계약 체결 여부를 알지 못하였다는 피고의 위 주장은 납득하기 어렵다.

다) 앞서 보았듯이, 원고는 피고의 농협은행 계좌로 계약금 2억 5,000만 원, 중도금 2억 5,000만 원, 잔금 중 일부인 307,506,225원을 각 지급하였고, 같은 날 이 사건 상가를 담보로 대출을 받아, 피고에게 나머지 잔금 442,493,775원을 지급하고, 피고는 위 돈으로 I 조합의 위 근저당권의 피담보채무를 말소한 것으로 보인다.

라) 이 사건 상가에 관하여 2021. 8. 2. 대구지방법원 경산등기소 제35362호로 접수된 소유권이전등기 신청서류에는 최종계약서와 동일한 내용으로 원고 및 피고 명의의 매매계약서와 피고의 부동산 매도용 인감증명서가 제출되었는데, 위 매매계약서의 매도인란에 날인된 피고의 인감은 피고의 인감증명서에 날인된 그것과 동일하고, 위 인감증명서의 부동산 매수자란에는 원고의 이름, 주민등록번호, 주소가 기재되어 있다.

나. 이 사건 매매계약의 해제 여부에 관하여

1) 갑 제13호증의 기재에 변론 전체의 취지에 의하면, 원고는 피고에게 '2023. 3. 5.까지 이 사건 특약에 따른 병원 입점 의무 이행'을 최고하면

서, '피고가 위 의무를 이행하지 아니할 경우 이 사건 매매계약은 해제된다'는 의사표시가 담긴 2023. 2. 20. 자 내용증명우편이 피고에게 도달된 사실, 피고가 2023. 3. 5.까지 병원 입점 의무를 이행하지 아니한 사실을 인정할 수 있다.

그리고 앞서 본 증거들, 특히 갑 제4, 5, 8, 10호증의 각 기재 및 증인 J의 증언에 변론 전체의 취지를 종합하여 인정할 수 있는 아래 사정들에 비추어 보면, 피고는 원고에게 이 사건 특약에 따라 이 사건 건물 2층에 병원을 입점시켜 줄 의무가 있음에도 이를 이행하지 않은 사실, 이 사건 특약은 이 사건 매매계약의 중요한 본질적인 부분인 사실을 인정할 수 있으므로 원고는 이 사건 매매계약 제6조에 정한 '본 계약상의 내용'인 이 사건 특약 위반 내지 민법상의 이행지체를 이유로 이 사건 매매계약을 해제할 수 있다. 결국 이 사건 매매계약은 원고의 의사표시에 따라 2023. 3. 6. 적법하게 해제되었다.

가) 이 사건 매매계약에는 이 사건 상가의 '약국독점권'에 관한 특약사항(3항)을 기재하는 등 원고가 이 사건 상가에서 약국을 개설할 예정이라는 점을 이 사건 매매계약의 전제로 삼았다. 일반적으로 약국의 수익구조는 주변의 병원 입점 여부와 입점 병원의 수 및 그 규모 등과 밀접한 관련이 있다는 점에 비추어 볼 때, 위와 같은 병원 입점 여부는 이 사건 상가를 매수하여 약국을 개설 또는 운영하려는 원고에게 이 사건 매매계약을 통하여 이루려는 목적 달성에 필요불가결하다고 평가할 수 있을 정도의 중요한 요소로 볼 수 있다. 따라서 피고가 이 사건 특약을 제대로 이행하지 않을 경우, 이 사건 매매계약을 통해 달성하려는 원고의 목적이 달성되기 어렵고, 피고가 위와 같은 채무를 이행하지 아니할 것을 알았더라면 이

사건 매매계약을 체결하지 아니하였을 것으로 보인다.

나) H와 C의 사내이사 K는 J에게 이 사건 건물 2층 및 이 사건 상가에 각각 병원 및 약국을 유치하는 컨설팅 업무를 위임하였다. 이후 원고는 2020. 10. 28. J를 통해 이 사건 매매계약을 체결하면서, J로부터 이 사건 건물 2층에 병원이 입점하기로 확정되어 있다는 설명을 들었고, 2021. 7. 20. J로부터 이 사건 건물 2층에 입점할 병원의 인테리어 공사 진행표와 위 병원을 운영할 L의 의사면허증을 교부받기도 하였다.

다) 이 사건 특약의 내용은 이 사건 건물 2층에 병원이 오픈하지 않거나 2년 이내 폐업할 경우 이 사건 매매계약을 무효로 하는 것이므로, 결국 매매당사자들도 이 사건 매매계약의 효력을 이 사건 특약의 이행 여부에 따르기로 합의하였다고 보인다.

라) 원고가 이 사건 매매계약에 따른 매매대금을 모두 지급하고 이 사건 상가에 관한 소유권을 이전받은 이후 현재까지도, 이 사건 건물 2층에 병원이 개설되지 않았다.

2) 피고는 이에 대하여 언제까지 병원을 입점시켜야 하는지를 이 사건 특약에서 정하지 않은 이상, 아직 그 이행기가 도래하지 않았으므로 피고가 이 사건 특약을 위반한 것이 아니거나, 이행지체 책임이 성립하지 않는다고 주장한다.

살피건대 원고는 2021. 8. 2.에 이 사건 매매잔금을 전부 지급하고, 이 사건 상가의 소유권을 이전받은 사실, 그로부터 1년여가 지난 후에도 이 사건 건물에 병원이 개설되지 않자, 원고가 피고에게 2023. 3. 5.까지 이 사건 특약의 이행을 최고한 사실은 앞서 보았다. 위 인정사실에 의하면 이 사건 특약의 이행기는 이 사건 매매계약의 잔금 이행일 무렵이거나,

또는 이행기의 정함이 없는 채무로 보인다. 그렇다면 피고는 늦어도 원고의 이행최고일인 2023. 3. 5.까지 이 사건 특약을 이행하여야 한다. 따라서 피고의 위 주장은 이유 없다.

4. 원상회복 및 손해배상 책임에 관한 판단

가. 이 사건 매매계약의 해제로 인한 원상회복의무와 그 범위

1) 법정해제권 행사의 경우 당사자 일방이 그 수령한 금전을 반환함에 있어 그 받은 날부터 법정이자를 부가함을 요하는 것은 민법 제548조 제2항이 규정하는 바로서, 이는 원상회복의 범위에 속하는 것이며 일종의 부당이득반환의 성질을 가지는 것이므로, 부동산 매매계약이 해제된 경우 매도인이 반환하여야 할 매매대금에 대하여는 그 받은 날부터 민법 내지 상법 소정의 법정이율에 의한 법정이자를 부가하여 지급하여야 한다(대법원 2010. 4. 15. 선고 2009다93756 판결 참조).

이 사건 매매계약이 해제되었음은 앞서 보았으므로 특별한 사정이 없는 한, 피고는 원고에게 계약 해제에 따른 원상회복으로 지급받은 매매대금 12억 5,000만 원과 이에 대하여 그 각 지급받은 날로부터 다 갚는 날까지 민법에서 정한 연 5%의 법정이자를 지급할 의무가 있다.

2) 원고는 이에 대하여 상사법정이율인 연 6%의 비율로 계산한 부당이득의 반환을 구한다. 살피건대 상법 제54조의 상사법정이율은 상행위로 인한 채무나 이와 동일성을 가진 채무에 관하여 적용되는 것이고, 비록 갑 제2호증의 기재에 의하면 피고가 'M'이라는 상호로 부동산임대업을 목적으로 한 사업자등록을 한 사실을 인정할 수는 있으나, 위 인정사실과 원고가 제출한 나머지 증거들만으로는 원고와 피고 사이의 이 사건 매매를 상행

위로 보기는 어렵고, 달리 이를 인정할 증거가 없다. 원고의 이 부분 주장은 이유 없다.

3) 이에 대하여 피고는 원고가 이 사건 매매계약의 해제에 따른 원상회복으로 이 사건 상가에서 얻은 사용이익을 반환하여야 하므로, 피고의 위 채권으로 원고의 매매대금 반환채권과 상계 내지 공제하여야 한다는 내용으로 주장한다.

가) 임차인이 임대차계약 종료 이후에도 동시이행의 항변권을 행사하는 방법으로 목적물의 반환을 거부하기 위하여 임차건물부분을 계속 점유하기는 하였으나 이를 본래의 임대차계약상의 목적에 따라 사용·수익하지 아니하여 실질적인 이득을 얻은 바 없는 경우에는 그로 인하여 임대인에게 손해가 발생하였다 하더라도 임차인의 부당이득반환의무는 성립되지 아니한다(대법원 2001. 2. 9. 선고 2000다61398 판결 참조).

나) 살피건대, ① 원고가 이 사건 매매잔금을 지급할 무렵 이 사건 상가를 인도받은 사실은 앞서 보았고, ② 피고가 원고로부터 지급받은 매매대금의 각 법정이자 상당액은 원고가 그때까지 얻은 이 사건 상가의 사용이익 상당액과 동일한 사실은 당사자 사이에 다툼이 없으며, ③ 앞서 본 증거에 의하면 원고는 이 사건 매매계약의 해제일인 2023. 3. 6.부터는 동시이행의 항변권을 행사하는 방법으로 이 사건 상가를 계속 점유하였으나, 이를 사용·수익하지는 않은 사실을 인정할 수 있다. 따라서 원고는 2023. 3. 6.부터는 이 사건 상가에 대한 실질적인 이득을 얻지 못하여 피고에 대한 부당이득반환의무는 성립되지 않는다.

그렇다면 원고는 피고에게 2023. 3. 5.까지 취득한 이 사건 상가의 사용이익 상당액을 부당이득으로 반환하여야 하는데, 이는 그때까지 발생한 피고가 원고에게 지급할 매매대금의 각 법정이자 상당액과 동일하므로 이를 공제하면, 피고는 원고로부터 지급받은 매매대금 12억 5,000만 원에 대하여 2023. 3. 6.부터 다 갚는 날까지 민법에서 정한 연 5%의 법정이자를 지급할 의무가 있다.

나. 피고의 손해배상책임 및 그 범위

1) 피고가 이 사건 특약을 위반하여 이 사건 매매계약이 해제된 사실, 그리고 원고와 피고는 계약 해제에 따른 손해배상을 각각 상대방에게 청구하되, 그 손해배상에 대하여는 계약금을 손해배상의 기준으로 보기로 약정한 사실, 이 사건 매매계약의 계약금은 2억 5,000만 원인 사실은 앞서 보았다. 따라서 특별한 사정이 없는 한 피고는 원고에게 위 계약금 상당을 손해배상으로 지급하여야 한다.

2) 다만 위와 같은 약정은 위약금 약정이라고 할 것이어서, 민법 제398조 제4항에 따라 손해배상액의 예정으로 추정되고, 같은 조 제2항에 따라 그 예정액이 부당히 과다한 경우 법원은 이를 적당히 감액할 수 있다. 그리고 이 사건 매매계약에 이르게 된 경위, 매매대금의 액수, 매매계약의 목적과 내용 등 여러 사정을 종합하면, 이 사건 매매계약에서 정한 손해배상액은 부당하게 과다하므로 이 사건에서 손해배상금을 80%로 감액한다.

3) 따라서 특별한 사정이 없는 한, 피고는 원고에게 계약 해제에 따른 손해배상으로 2억 원(= 2억 5,000만 원 × 80%)을 지급할 의무가 있다.

다. 원고의 지연손해금 청구에 관한 판단

1) 원고는 위 매매대금의 반환에 대하여는 이 사건 소장 송달 다음 날부터

소송촉진 등에 관한 특례법에서 정한 법정이자 내지 지연손해금을, 위 손해배상액에 대하여는 계약 해제일로부터 상법 내지는 소송촉진 등에 관한 특례법에서 정한 지연손해금을 구한다.

2) 매매계약이 해제된 경우에 당사자 쌍방의 원상회복의무는 동시이행의 관계에 있고, 이때 계약의 해제로 인하여 당사자가 상대방에 대하여 원상회복의무와 손해배상의무를 부담하는 경우에는 당사자가 부담하는 원상회복의무뿐만 아니라 손해배상의무도 함께 동시이행관계에 있다(대법원 1996. 7. 26. 선고 95다25138, 25145 판결 참조).

원고는 피고에게 매매대금의 반환과 손해배상금에 대하여 그 지연손해금의 지급을 구하나, 원고가 제출한 증거들만으로는 원고가 피고의 원상회복의무 및 손해배상의무와 동시이행관계에 있는 이 사건 상가에 관한 소유권이전등기의 말소의무를 이행하거나 이행제공 하였다고 인정하기 부족하고, 달리 이를 인정할 증거가 없다. 따라서 피고의 매매대금의 반환 및 손해배상의무에 관한 지체책임은 발생하지 않는다. 원고의 이 부분 주장은 이유 없다.

3) 민법 제548조 제2항은 계약 해제로 인한 원상회복의무의 이행으로서 반환하는 금전에는 받은 날로부터 이자를 가산하여야 한다고 정하였는데, 위 이자의 반환은 원상회복의무의 범위에 속하는 것으로 일종의 부당이득반환의 성질을 가지는 것이지 반환의무의 이행지체로 인한 손해배상은 아니므로, 위 이자에는 소송촉진 등에 관한 특례법 제3조 제1항에서 정한 이율을 적용할 수 없다(대법원 2000. 6. 23. 선고 2000다16275, 16282 판결 참조). 따라서 원고가 피고에게 매매대금의 반환에 관하여 부당이득반환으로 소송촉진 등에 관한 특례법에서 정한 연 12%의 비율에 따른 법정이자의 지급을 구할 수도 없다.

라. 피고의 동시이행 항변에 관한 판단

1) 피고는 원고로부터 이 사건 상가의 인도와 그 소유권이전등기의 말소등기절차를 이행받음과 동시에 원고에게 매매대금 반환 및 손해배상금을 지급할 의무가 있다고 주장한다.

갑 제17호증의 기재에 의하면, 원고가 2024. 1. 24. 이 사건 상가를 피고에게 인도한 사실을 인정할 수 있으므로, 특별한 사정이 없는 한 피고는 원고로부터 이 사건 상가의 소유권이전등기의 말소등기 절차를 이행받음과 동시에 원고에게 매매대금 반환 및 손해배상금을 지급할 의무가 있다.

2) 이에 대하여 원고는 이 사건 부동산에 설정되어 있던 제한물권을 모두 말소하고 등기권리증과 인감 등을 준비하여 피고에게 소유권이전등기를 넘겨줄 준비를 완료하는 등, 피고에게 이행제공을 하였다고 주장한다.

가) 부동산매매계약에서 매도인의 소유권이전등기절차이행채무와 매수인의 매매잔대금 지급채무가 동시이행관계에 있는 한 쌍방이 이행을 제공하지 않는 상태에서는 이행지체로 되는 일이 없을 것인바, 매도인이 매수인을 이행지체로 되게 하기 위하여는 소유권이전등기에 필요한 서류 등을 현실적으로 제공하거나 그렇지 않더라도 이행장소에 그 서류 등을 준비하여 두고 매수인에게 그 뜻을 통지하고 수령하여 갈 것을 최고하면 되는 것이어서 특별한 사정이 없으면 이행장소로 정한 법무사 사무실에 그 서류 등을 계속 보관시키면서 언제든지 잔대금과 상환으로 그 서류들을 수령할 수 있음을 통지하고 신의칙상 요구되는 상당한 시간 간격을 두고 거듭 수령을 최고하면 이행의 제공을 다한 것이 되고 그러한 상태가 계속된

기간 동안은 매수인이 이행지체로 된다(대법원 2001. 5. 8. 선고 2001다 6053, 6060, 6077 판결 참조). 이는 부동산 매매계약의 해제에 따라 매수인이 매도인을 상대로 매매대금의 반환을 구하는 경우에도 같다.

나) 살피건대, 원고가 제출한 갑 제17호증의 기재만으로는 원고가 피고의 매매대금반환 및 손해배상금 지급 의무와 동시이행관계에 있는 소유권이전등기의 말소등기절차이행의무에 관한 이행제공을 하였다고 보기 어렵고, 달리 이를 인정할 증거가 없다. 따라서 원고의 이 부분 주장은 이유 없다.

마. 소결론

따라서 피고는 원고로부터 이 사건 상가에 관하여 대구지방법원 경산등기소 2021. 8. 2. 접수 제35632호로 마친 소유권이전등기의 말소등기절차를 이행받음과 동시에 원고에게 1,450,000,000원(= 계약금 250,000,000원 + 중도금 250,000,000원 + 잔금 750,000,000원 + 위약금 200,000,000원)과 그중 매매대금 1,250,000,000원에 대하여는 원고의 이 사건 매매계약 해제일인 2023. 3. 6.부터 다 갚는 날까지 민법에서 정한 연 5%의 비율로 계산한 법정이자를 지급할 의무가 있다.

5. 결론

그렇다면 원고의 이 사건 청구는 위 인정범위 내에서 이유 있어 인용하고, 나머지 청구는 이유 없어 이를 기각한다. 소송비용의 부담에 관하여는 사건의 진행 경과와 형평 등 여러 사정을 고려하여 각자 부담하기로 한다.

개국 약사를 위한 판결의 의미와 해석

피고는 분양회사로부터 '계약금만으로 매수 가능, 잔금 대출, 월세 300만 원 보장' 제안을 받고 상가를 매수했습니다. 그리고 분양대행사 대표 H에게 이 사건 상가 매매를 맡겼습니다. 이후 분양회사는 피고 명의의 상가를 원고 약사에게 12억 5천만 원에 다시 매도했습니다. 매매계약에는 '건물 2층에 병원이 오픈하지 않거나 2년 이내 폐업할 경우 계약을 해지한다'는 핵심 특약이 포함되었습니다. 분양회사는 피고에게 팔았던 상가를 다시 약사에게 되판 것입니다.

▶ 병원 미입점 계약 해지

특약에도 불구하고 병원이 2년이 다 되도록 들어오지 않았습니다. 약국은 결국 운영하지 못하고 매매자인 피고에게 병원 미입점을 이유로 계약 해제 및 매매대금 반환을 요구했습니다. 하지만 피고는 병원 입점 약속을 하지 않았고, 그 기한도 정하지 않았다는 이유로 돈을 돌려주려 하지 않았던 것입니다.

피고가 분양회사로부터 이용을 당했을 수도 있고, 사기를 당했을 수도 있습니다. 간혹 분양회사가 병원을 입점시키겠다고 일반인에게 분양을 하고 분양받은 일반인은 다시 약국에 임대를 주는 경우가 있기 때문입니다. 하지만 이처럼 병원이 안 들어오는 경우 분양받은 임대인과 약국 사이에 문제가 발생하는 경우가 있습니다. 물론 약사는 임대인에게 돈을 돌려받으면 되겠지만 가끔 분양받은 임대인이 돈을 돌려주려 하지 않는 경우도 있습니다. 사실 줄 돈이 없는 경우가 많은데 80% 대출로 상가를 분양받는 것이 관례이기 때문입니다. 결국 위 상가는 병원이 들어오지 않아 매매계약은 취소되었고, 약사는 분양원금과 손해배상금을 청구하게 된 것입니다.

▶ **특약 작성의 구체성**

약국 분양에서 병원의 입점 유무는 상당히 중요하기에 법원도 이 점을 중요시해서 계약의 가장 중요한 부분으로 생각합니다. 하지만 이것도 확실한 보상이나 계약의 해지가 되기 위한 계약서상의 특약을 구체적으로 작성해야 한다는 것입니다. 여기에서 피고가 부정했던 것처럼 하지 못하도록 병원 입점의 기한에 대해서 명확하게 작성해야 합니다. '2층에 병원이 오픈하지 않거나 2년 이내 폐업할 경우 계약을 해지 한다'보다는 '병원이 언제, 어느 날까지로 구체적인 기한을 정하여 오픈 안 하면'으로 변경하여 특약을 작성하는 것이 좋습니다. 위 계약상으로는 2년의 기한 동안 병원이 입점을 안 하면 그냥 지켜보고 있어야 하는 상황이 되기 때문입니다. 2년 안에는 들어오겠지? 곧 들어오겠지? 하는 순간 2년이 훌쩍 가 버릴 수 있습니다. 또한 병원을 입점시킬 의무가 있음을 명시하는 것도 변명거리를 주지 않는 하나의 방법이 되겠습니다.

▶ **이행 최고(요구)의 필요성**

원고(약사)가 1년여 경과 후 피고에게 병원 입점 이행을 최고(요구)하며 언제까지 병원 입점 시점을 지정한 행동은 계약 해제 및 손해배상 판결에 중요한 근거가 되었습니다. 따라서 계약 이행을 촉구하는 공식적인 의사 표시는 빠를수록 좋고, 필요하다면 여러 번 하는 것도 필수적인 방법입니다.

[원고는 2021. 8. 2.에 이 사건 매매잔금을 전부 지급하고, 이 사건 상가의 소유권을 이전받은 사실, 그로부터 1년여가 지난 후에도 이 사건 건물에 병원이 개설되지 않자, 원고가 피고에게 2023. 3. 5.까지 이 사건 특약의 이행을 최고한 사실로…]

▶ 손해보상 조항

더불어 특약 불이행 시 손해배상 조항까지 계약서에 명확하게 첨부한다면 위 사건에서처럼 위약금까지 피고에게 청구해서 실제로 발생한 손해를 최소한으로 할 수 있을 것입니다.

결론적으로 이 사건은 상가 매매 시 핵심적인 '조건부 특약'의 이행 여부와 그 중요성, 그리고 계약서 작성 및 분쟁 발생 시 권리 행사 방법의 중요성을 보여 주는 사례입니다. 피고는 분양회사의 제안에 따라 복잡한 관계에 얽힌 것 같아 보입니다. 반면, 원고(약사)는 계약서의 미비점에도 불구하고 적극적인 권리 행사(이행 최고)를 통해 승소할 수 있어 정말 다행인 사건이었습니다.

5. '병원 특약' 믿고 분양받았는데… 약속의 '병원'은 없었다… 상가 수분양자들, 계약 해제하고 거액의 분양대금/위약금 배상하라 소송!

수원지방법원 2024. 1. 17. 선고 2023가합13230 판결 [매매대금반환]

사건 요약

1. 사건의 개요

 이 사건은 원고들(A, C, D)이 피고 주식회사 E와 체결한 각 상가(호실) 분양 계약이 피고의 채무 불이행으로 인해 적법하게 해제되었음을 주장하며, 피고에게 이미 지급한 분양대금의 반환과 계약서상의 위약금(손해배상금) 지급을 청구한 소송입니다. 원고들은 피고가 분양 계약 시 약속했던 '병원 입점' 의무를 이행하지 않았다고 주장했습니다. 법원은 피고가 분양 계약상 '병원 입점' 의무를 이행하지 않아 원고들의 계약 해제 의사표시가 적법하다고 판단했습니다. 이에 따라 피고는 원고들에게 지급받은 분양대금을 원상회복으로 반환하고, 계약서상의 위약금도 지급해야 한다고 판결했습니다.

2. 사건의 쟁점

 피고 E 주식회사는 주택 및 상가 신축 분양하는 법인입니다.
 원고 A, C, D는 각각 2022년 6월과 7월에 피고로부터 김포시 F 건물 3층에 위치한 상가 각 호실(G호, H호, I호)을 분양받는 계약(이 사건 각 분양계약)을 체결하고 대금을 지불하였습니다.

주요 쟁점

가. 피고의 '병원 입점' 의무 존재 및 불이행 여부: 분양 계약 내용에 피고가 해당 호실(또는 건물)에 병원을 입점시켜야 할 의무가 있었는지, 그리고 피고가 그 의무를 이행하지 않았는지 여부가 핵심 쟁점이었습니다.

나. 계약 해제의 적법성: 피고의 병원 입점 의무 불이행이 계약 해제 사유(분양계약 제8조 또는 민법상 이행 지체)에 해당하는지, 그리고 원고들이 피고에게 의무 이행을 최고(독촉)하고 계약 해제 의사를 표시한 것이 적법했는지 여부입니다.

다. 원상회복 및 손해배상(위약금) 범위: 계약이 해제되었으므로 피고가 원고들에게 지급받은 분양대금을 원상회복으로 반환해야 하는지, 그리고 계약서상의 위약금 약정에 따라 계약금 상당의 손해배상금을 추가로 지급해야 하는지 여부가 쟁점이었습니다.

판결 원문

사건

2023가합13230 매매대금반환

원고

1. A(개명 전 B)
2. C
3. D

피고

E 주식회사

변론 종결

2023. 10. 25.

판결 선고

2024. 1. 17.

주문

1. 피고는 원고 A로부터 김포시 F 건물 제3층 G호에 관하여 인천지방법원 부천지원 김포등기소 2022. 7. 20. 접수 제61488호로 마친 소유권이전등기의 말소등기절차의 이행 및 위 부동산의 인도를 받음과 동시에 원

고 A에게 650,556,516원 및 그중 532,535,000원에 대하여 2023. 3. 2.부터 다 갚는 날까지 연 6%의 비율로 계산한 돈을 지급하라.

2. 피고는 원고 C로부터 김포시 F 건물 제3층 H호에 관하여 인천지방법원 부천지원 김포등기소 2022. 6. 30. 접수 제55481호로 마친 소유권이전등기의 말소등기절차의 이행 및 위 부동산의 인도를 받음과 동시에 원고 C에게 861,398,201원 및 그중 702,946,200원에 대하여 2023. 3. 2.부터 다 갚는 날까지 연 6%의 비율로 계산한 돈을 지급하라.

3. 피고는 원고 D로부터 김포시 F 건물 제3층 I호에 관하여 인천지방법원 부천지원 김포등기소 2022. 8. 9. 접수 제66623호로 마친 소유권이전등기의 말소등기절차의 이행 및 위 부동산의 인도를 받음과 동시에 원고 D에게 803,924,376원 및 그중 659,118,570원에 대하여 2023. 3. 2.부터 다 갚는 날까지 연 6%의 비율로 계산한 돈을 지급하라.

4. 원고들의 나머지 청구를 모두 기각한다.
5. 소송비용 중 30%는 원고들이, 나머지는 피고가 각 부담한다.
6. 제1 내지 3항은 가집행할 수 있다.

청구 취지

피고는, 원고 B에게 639,042,000원 [중략] 돈을 지급하고, 원고 D에게 790,942,284원 [중략] 돈을 지급하라.

이유

1. 기초 사실

가. 피고의 지위

피고는 주택 및 상가신축판매업 등을 목적으로 설립된 법인이다.

나. 이 사건 각 분양계약의 체결

1) 원고 A는 2022. 7. 18. 피고와 사이에, 피고로부터 김포시 F건물 제3층 G호(이하 '이 사건 제1호실'이라 한다)를 분양대금 532,535,000원(= 계약금 106,507,000원 + 잔금 426,028,000원)으로 정하여 분양받기로 하는 분양(이하 '이 사건 제1분양'이라 한다)계약을 체결하였다.

2) 원고 C는 2022. 6. 18. 피고와 사이에, 피고로부터 이 사건 건물 제3층 H호(이하 '이 사건 제2호실'이라 한다)를 분양대금 702,946,200원으로 정하여 분양받기로 하는 분양(이하 '이 사건 제2분양'이라 한다)계약을 체결하였다.

3) 원고 D는 2022. 7. 19. 피고와 사이에, 피고로부터 이 사건 건물 제3층 I호(이하 '이 사건 제3호실'이라 하고, 이 사건 제1 내지 3호실을 통틀어 '이 사건 각 호실'이라 한다)를 분양대금 659,118,570원으로 정하여 분양받기로 하는 분양계약을 체결하였다. 이 사건 각 분양계약의 주요 내용은 다음과 같다.

다. 이 사건 각 분양대금 지급

1) 원고 A는 이 사건 제1분양계약에 따라 피고에게 [중략] 합계 532,535,000

원을 지급하였다.

2) 원고 C는 이 사건 제2분양계약에 따라 피고에게 [중략] 합계 702,946,200원을 지급하였다.

3) 원고 D는 이 사건 제3분양계약에 따라 피고에게 [중략] 합계 659,118,570원을 지급하였다.

라. 이 사건 각 호실의 소유권이전등기 경료 및 인도

1) 피고는 2022. 7. 20. 원고 A에게 이 사건 제1호실의 소유권이전등기를 마쳐 주었고, 그 무렵 위 호실을 인도해 주었다.

2) 피고는 2022. 6. 30. 원고 C에게 이 사건 제2호실의 소유권이전등기를 마쳐 주었고, 그 무렵 위 호실을 인도해 주었다.

3) 피고는 2022. 8. 9. 원고 D에게 이 사건 제3호실의 소유권이전등기를 마쳐 주었고, 그 무렵 위 호실을 인도해 주었다.

2. 청구원인에 관한 판단

가. 원고들 주장의 요지

이 사건 각 분양계약은 피고가 이 사건 각 호실에 병원을 입점시키지 아니하여 이 사건 각 분양계약 제8조 또는 민법상 이행지체를 이유로 한 원고들의 계약 해제 의사표시에 의하여 적법하게 해제되었다.

따라서 피고는 원고들에게 이 사건 각 분양계약 제8조에 따라 또는 그 원상회복으로 원고들이 피고에게 지급한 이 사건 각 분양대금을 반환하고, 이 사건 각 분양계약 제6조에 따라 위약금으로 이 사건 각 분양계약금 상당의 손해배상금을 지급할 의무가 있다.

나. 원고들의 해제권 행사로 이 사건 각 분양계약이 해제되었는지 여부

1) 앞서 든 증거들, 갑 제3, 8 내지 12호증의 각 기재, 이 법원의 건강보험심사평가원 수원지원장에 대한 사실조회 결과 및 변론 전체의 취지에 의하여 인정되는 아래와 같은 사정을 종합하면, 피고에게 이 사건 각 호실에 병원을 입점시킬 의무가 있음에도 피고는 정당한 사유 없이 위 의무를 이행하지 아니하였으므로 이는 이 사건 각 분양계약 제8조에서 정한 계약해제 사유 또는 민법상 이행지체에 해당한다고 봄이 타당하다.

가) '입점'의 사전적인 의미가 '상가나 건물 따위에 가게가 새로 들어오다'로서 영업을 전제로 하는 점, 원고들은 병원 입점을 통해 안정적으로 임대수익을 얻을 목적으로 이 사건 각 분양계약을 체결한 것으로 보이는 점 등을 종합하면, 이 사건 각 분양계약 제8조의 '입점'은 형식적인 병원의 개설을 넘어 실질적인 진료가 이루어지는 병원의 개설을 의미한다고 봄이 타당하다.

나) 이 사건 각 호실에 입점할 병원의 원장이 수차례 변경되었고, 이 사건 각 호실에 병원이 약 2개월간 개설된 사실은 있으나, 위 병원에서 실질적인 진료가 이루어진 사실은 없다.

2) 원고들의 '2023. 2. 28.까지 피고의 병원 입점 의무 이행을 최고하면서, 피고들이 위 의무를 이행하지 아니할 경우 이 사건 각 분양계약은 자동적으로 해제된다'는 의사표시가 담긴 2023. 2. 15. 자 내용증명이 2023. 2. 16. 피고에게 도달된 사실, 피고가 2023. 2. 28.까지 병원 입점 의무를 이행하지 아니한 사실은 당사자 사이에 다툼이 없거나 갑 제13호증의

기재 및 변론 전체의 취지에 의하여 인정된다. 따라서 이 사건 각 분양계약은 2023. 3. 1. 적법하게 해제되었다.

다. 소결론

1) 법정해제권 행사의 경우 당사자 일방이 그 수령한 금전을 반환함에 있어 그 받은 때로부터 법정이자를 부가함을 요하는 것은 민법 제548조 제2항이 규정하는 바로서, 이는 원상회복의 범위에 속하는 것이며 일종의 부당이득반환의 성질을 가지는 것이고 반환의무의 이행지체로 인한 것이 아니므로, 부동산 매매계약이 해제된 경우 매도인의 매매대금 반환의무와 매수인의 소유권이전등기말소등기 절차이행의무가 동시이행의 관계에 있는지 여부와는 관계없이 매도인이 반환하여야 할 매매대금에 대하여는 그 받은 날로부터 민법 소정의 법정이율인 연 5푼의 비율에 의한 법정이자를 부가하여 지급하여야 하고, 이와 같은 법리는 약정된 해제권을 행사하는 경우라 하여 달라지는 것은 아니다(대법원 2000. 6. 9. 선고 2000다9123 판결 등 참조).
2) 피고는 원고들에게 그 원상회복으로 이 사건 각 분양대금 및 이에 대한 법정이자를 지급할 의무가 있고, 이 사건 매매계약 제6조의 위약금약정에 따라 계약금 상당의 위약금을 지급할 의무가 있다(위약금을 손해배상 예정액으로 보아 감액할 만한 사정은 찾기 어렵다).

따라서 피고는, ㈀ 원고 A에게 639,042,000원(= 이 사건 제1분양대금 532,535,000원 + 위약금 106,507,000원) 및 그중 계약금 106,507,000원에 대하여 계약금 지급일인 2022. 7. 18.부터, 잔금 426,028,000원에 대

하여 잔금 지급일인 2022. 7. 20.부터 각 다 갚는 날까지 상법에서 정한 연 6%의 법정이자를, ㉡ 원고 C에게 843,535,440원(= 이 사건 제2분양대금 702,946,200원 + 위약금 140,589,240원) 및 그중 계약금 140,589,240원에 대하여 계약금 지급일인 2022. 6. 18.부터, 잔금 562,356,960원에 대하여 잔금 지급일인 2022. 6. 30.부터 각 다 갚는 날까지 상법에서 정한 연 6%의 법정이자를, ㉢ 원고 D에게 790,942,284원(= 이 사건 제3분양대금 659,118,570원 + 위약금 131,823,714원) 및 그중 계약금 131,823,714원에 대하여 계약금 지급일인 2022. 7. 19.부터, 잔금 중 107,294,856원에 대하여 그 지급일인 2022. 8. 8.부터, 나머지 잔금 420,000,000원(= 이 사건 제3분양대금 중 잔금 527,294,856원 - 위 107,294,856원)에 대하여 그 지급일인 2022. 8. 9.부터 각 다 갚는 날까지 상법에서 정한 연 6%의 법정이자를 지급할 의무가 있다(원고들은 연 12%의 비율로 계산한 지연손해금의 지급을 구하고 있으나, 뒤에서 살펴보는 바와 같이 피고의 이 사건 각 분양대금반환의무와 위약금지급의무는 원고들의 이 사건 각 호실의 소유권이전등기말소의무 및 인도의무와 동시이행관계에 있어 지연손해금이 발생하지 않으므로, 원고들의 위 주장은 이유 없다).

3. 피고의 항변 등에 관한 판단

가. 상계항변에 관한 판단

1) 피고 주장의 요지

원고들은 피고에게 해제에 따른 원상회복으로 이 사건 호실을 통해 피고로부터 얻은 차임을 반환하여야 하므로, 피고의 위 채권으로 원고들의 위 각 채권과 상계한다.

2) 자동채권의 발생

계약 해제로 인하여 계약 당사자가 원상회복의무를 부담함에 있어서 매도인의 반환하는 금액에 법정이자를 부가하는 법의 취지에 비추어 볼 때 매수인이 목적물을 이용한 경우에는 그 사용에 의한 이익을 상대방에게 반환하여야 한다[대법원 2006. 9. 8. 선고 2006다26328,26335(병합) 판결 등 참조].

원고 A가 피고로부터 2022. 9. 30.부터 2022. 12. 12.까지 차임 합계 8,217,000원(= 2,739,000원 × 3개월)을, 원고 C가 피고로부터 2022. 9. 30.부터 2022. 12. 12.까지 차임 합계 10,725,000원(= 3,575,000원 × 3개월), 원고 D가 피고로부터 2022. 9. 30.부터 2022. 12. 12.까지 차임 합계 9,702,000원(= 3,234,000원 × 3개월)을 수령한 사실은 당사자 사이에 다툼이 없으므로, 원고들은 피고에게 위 각 돈을 반환할 의무가 있다.

3) 상계충당

가) 피고의 상계 의사표시가 담긴 이 사건 2023. 10. 16. 자 준비서면 부본이 2023. 10. 23. 원고에게 송달된 사실은 기록상 분명하다. 원고들의 위 원상회복채권, 위약금지급채권과 피고의 위 차임반환채권은 이 사건 분양계약이 해제된 2023. 3. 1. 모두 이행을 청구할 수 있게 됨으로써 상계적상에 있었고, 원고들의 채권 중 원상회복 채권에는 민법 제548조 제2항에 의하여 법정이자가 가산되므로, 피고의 채권은 변제이익이 더 많은 원상회복채권에 이자, 원본의 순서로 상계충당 되어야 한다(민법 제499조, 제477조).

나) 원고 A의 이 사건 제1분양대금의 위 상계적상일인 2023. 3. 1.까지

의 이자는 계약금 106,507,000원에 대한 이자 3,974,316원(= 계약금 106,507,000원 × 227/3651) × 연 6%, 10원 미만 버림, 이하 같다), 잔금 426,028,000원에 대한 이자 15,757,200원(= 잔금 426,028,000원 × 225/3652) × 연 6%), 합계 19,731,516원이고, 위 상계적상일에 소급하여 피고의 8,217,000원 상당의 차임반환채권과 대등액의 범위 내에서 소멸하므로, 결국 원고 A의 원상회복채권 및 위약금지급채권은 위 상계적상일 현재 650,556,516원(= 이 사건 제1분양대금 532,535,000원 + 위약금 106,507,000원 + 이 사건 제1분양대금의 2023. 3. 1.까지의 이자 19,731,516원 - 피고가 원고 A에게 지급한 차임 합계 8,217,000원)이 남게 되었다.

다) 원고 C의 이 사건 제2분양대금의 위 상계적상일인 2023. 3. 1.까지의 이자는 계약금 140,589,240원에 대한 이자 5,939,413원(= 계약금 140,589,240원 × 257/3653 × 연 6%), 잔금 562,356,960원에 대한 이자 22,648,348원(= 잔금 562,356,960원 × 245/3654 × 연 6%), 합계 28,587,761원이고, 위 상계적상일에 소급하여 피고의 10,725,000원 상당의 차임반환채권과 대등액의 범위 내에서 소멸하므로, 결국 원고 C의 원상회복채권 및 위약금지급채권은 위 상계적상일 현재 861,398,201원(= 이 사건 제2분양대금 702,946,200원 + 위약금 140,589,240원 + 이 사건 제2분양대금의 2023. 3. 1.까지의 이자 28,587,761원 - 피고가 원고 C에게 지급한 차임 합계 10,725,000원)이 남게 되었다.

라) 원고 D의 이 사건 제3분양대금의 위 상계적상일인 2023. 3. 1.까지의 이자는 계약금 131,823,714원에 대한 이자 4,897,341원(= 계약금 131,823,714원 × 226/3655 × 연 6%), 잔금 중 107,294,856원

에 대한 이자 3,633,327원(= 잔금 중 107,294,856원 × 206/3656 × 연 6%), 나머지 잔금 420,000,000원에 대한 이자 14,153,424원(= 420,000,000원 × 205/3657 × 연 6%), 합계 22,684,092원이고, 위 상계적상일에 소급하여 피고의 9,702,000원 상당의 차임반환채권과 대등액의 범위 내에서 소멸하므로, 결국 원고 D의 원상회복채권 및 위약금지급채권은 위 상계적상일 현재 803,924,376원(= 이 사건 제3분양대금 659,118,570원 + 위약금 131,823,714원 + 이 사건 제3분양대금의 2023. 3. 1.까지의 이자 22,684,092원 - 피고가 원고 D에게 지급한 차임 합계 9,702,000원)이 남게 되었다. 피고의 위 항변은 이유 있다.

나. 동시이행항변에 관한 판단

피고는 원고들로부터 이 사건 각 호실의 소유권이전등기말소 및 인도를 받기 전까지 원고들의 원상회복 및 위약금지급청구에 응할 수 없다고 동시이행항변을 한다.

계약이 해제되면 계약당사자는 상대방에 대하여 원상회복의무와 손해배상의무를 부담하는바, 이때 계약당사자가 부담하는 원상회복의무뿐만 아니라 손해배상의무도 함께 동시이행의 관계에 있다고 봄이 상당하다[대법원 1996. 7. 26. 선고 95다25138,25145(병합) 판결].

이 사건 각 분양계약이 2023. 3. 1. 해제되었음은 앞서 본 바와 같고, 이 사건 각 분양계약의 해제에 따라 원고들은 피고에게 이 사건 각 호실의 소유권이전등기를 말소하고 이 사건 각 호실을 인도할 의무가 있으며, 원고들의 위 의무는 피고의 원상회복의무 및 위약금지급의무와 동시이행관계에 있으므로, 피고는 원고들로부터 이 사건 각 호실의 소유권이전등기말소 및 인도를 받음과 동시에 원고들에게 원상회복금 및 위약금을 지급할 의무가 있다. 피고의 위 항변은 이유 있다.

이에 대하여 원고들은 이 사건 각 호실의 소유권이전등기말소의무 및 인도의무의 이행제공을 하여 피고의 동시이행항변권이 소멸하였다고 주장하나, 원고가 제출한 증거들만으로 원고들의 위 의무의 이행제공을 하였음을 인정하기에 부족하고, 달리 이를 인정할 증거가 없다. 원고들의 위 주장은 이유 없다.

다. 소결론

1) 피고는 원고 A로부터 이 사건 제1호실에 관하여 인천지방법원 부천지원 김포등기소 2022. 7. 20. 접수 제61488호로 마친 소유권이전등기의 말소등기절차의 이행 및 위 부동산의 인도를 받음과 동시에 원고 A에게 650,556,516원 및 그중 이 사건 제1분양대금 532,535,000원에 대하여 위 상계적상일 다음 날인 2023. 3. 2.부터 다 갚는 날까지 상법에서 정한 연 6%의 비율로 계산한 법정이자를 지급할 의무가 있다.

2) 피고는 원고 C로부터 이 사건 제2호실에 관하여 인천지방법원 부천지원 김포등기소 2022. 6. 30. 접수 제55481호로 마친 소유권이전등기의 말소등기절차의 이행 및 위 부동산의 인도를 받음과 동시에 원고 C에게 861,398,201원 및 그중 이 사건 제2분양대금 702,946,200원에 대하여 위 상계적상일 다음 날인 2023. 3. 2.부터 다 갚는 날까지 상법에서 정한 연 6%의 비율로 계산한 법정이자를 지급할 의무가 있다.

3) 피고는 원고 D로부터 이 사건 제3호실에 관하여 인천지방법원 부천지원 김포등기소 2022. 8. 9. 접수 제66623호로 마친 소유권이전등기의

말소등기절차의 이행 및 위 부동산의 인도를 받음과 동시에 원고 D에게 803,924,376원 및 그중 이 사건 제3분양대금 659,118,570원에 대하여 위 상계적상일 다음 날인 2023. 3. 2.부터 다 갚는 날까지 상법에서 정한 연 6%의 비율로 계산한 법정이자를 지급할 의무가 있다.

4. 결론

그렇다면 원고들의 청구는 위 인정 범위 내에서 이유 있어 모두 인용하고, 나머지 청구들은 이유 없어 모두 기각하기로 하여, 주문과 같이 판결한다.

개국 약사를 위한 판결의 의미와 해석

사건의 내용은 다음과 같습니다. 피고는 원고들에게 상가를 분양하면서 병원의 입점을 약속하였습니다. 하지만 상가 분양 계약에서 약속된 '병원 입점'이 제대로 이루어지지 않아 분양 계약 해제 및 매매대금 반환 소송으로 진행된 것입니다. 이 사건에서는 잠시 있다가 나간 병원에 대한 '입점'의 의미를 어떻게 해석하는지가 핵심 쟁점이 되었습니다.

원고 A는 2022. 7. 18., 원고 C는 2022. 6. 18., 원고 D는 2022. 7. 19. 각각 분양대금을 납부하고 상가를 분양받았습니다. 소송의 내용으로 보면 병원이 입점은 한 것으로 보입니다. 다만 병원의 정상적인 운영이 중요한 사안인데 소장의 내용으로 보면 각 호실에 입점한 병원의 원장이 수차례 변경이 되고, 각 호실에 병원이 약 2개월간 개설되기는 했지만 정상적인 진료가 이루어지지 않았던 것입니다.

▶ **병원 입점의 의미**

여기서 피고가 주장하는 바는 병원이 입점하였기 때문에 특약에서 작성한 '병원의 입점' 조건을 만족 시켰다는 것입니다. 하지만 다행히도 법원은 이런 병원의 입점 즉, 문만 열었다고 해서 입점이 아니라 실질적으로 운영을 해야 한다는 것에 무게를 두고 판결했다는 것입니다. 과거 이러한 사례들이 정말 많았고, 현재도 이러한 사건들이 많이 발생하고 있습니다.

▶ 피해 방지를 위한 특약

이 사건의 피고 또한 병원의 정상적인 진료가 아닌 단지 개원만을 입점하였다는 조건에 충족한다고 주장한 것입니다. 그래서 우리가 여기에서 배울 점은 반드시 '입점'이라는 단어가 병원이 정상적인 진료를 하겠다는 의미가 아님을 인지하고 '정상적인 운영'에 합당한 특약 조항을 넣어서 비정상적인 운영과 휴업, 폐업 등등의 사기행위를 반드시 원천 차단해야 하고 그런 일이 발생했을 때에는 지체 없이 내용증명을 통해서 계약 해지를 통보하고, 원금과 손해 배상의 청구를 해야 한다는 것입니다. (예로 병원은 언제까지 입점시켜야 하며, 2년간 운영을 하여야 한다. 휴업은 3개월 이내로 하고 이후는 폐업으로 간주하고 계약을 파기하고 손해배상을 한다.)

과거 법원은 입점에 관한 판단에 있어서 개원만 하면 운영을 하든 안 하든 인정했던 때가 있었습니다. 다행히도 이러한 사기는 법원이 실질적인 운영을 판단기준으로 변경하면서 피해 사례가 줄었지만 아직도 이러한 사례는 빈번합니다. 최소 1년이나 2년 이상의 기간 동안 병원이 정상적으로 운영되는 것을 전제로 한 권리계약과 분양계약이 이뤄져야 할 것입니다. 사실 수십억의 자금이 들어가는데 1, 2년의 보장도 너무나 짧은 기간이라는 것이 안타까울 따름입니다. 아래는 위 판결문의 내용으로 '입점'의 의미에 대한 해석이 잘 나와 있습니다.

[① '입점'의 사전적인 의미가 '상가나 건물 따위에 가게가 새로 들어오다'로서 영업을 전제로 하는 점, [중략] 이 사건 각 분양계약 제8조의 '입점'은 형식적인 병원의 개설을 넘어 실질적인 진료가 이루어지는 병원의 개설을 의미한다고 봄이 타당하다.

② 이 사건 각 호실에 입점할 병원의 원장이 수차례 변경되었고, 이 사건 각 호실에 병원이 약 2개월간 개설된 사실은 있으나, 위 병원에서 실질적인 진료가 이루어진 사실은 없다. 원고들의 '2023. 2. 28.까지 피고의 병원 입점 의무 이행을 최고하면서, 피고들이 위 의무를 이행하지 아니할 경우 이 사건 각 분양계약은 자동적으로 해제된다'는 의사표시가 담긴 2023. 2. 15. 자 내용증명이 2023. 2. 16. 피고에게 도달된 사실, 피고가 2023. 2. 28.까지 병원 입점 의무를 이행하지 아니한 사실은 당사자 사이에 다툼이 없다.]

이전 소송 판결문에서는 '입점'이 병원을 유치해야 한다는 의무를 지는 것은 아니다라는 판결이 있었기에 입점이라는 단어를 해석하는 데 있어서 혼란스러웠습니다. 그것을 통해서 우리가 생각하는 입점에 대한 판단이 각각 다를 수 있음을 인지하는 계기가 되었습니다. 그래서 앞으로 특약 시에는 반드시 '병원이 입점되지 않으면'이 아니라 '언제까지 병원을 입점시키지 못하면'라는 특정 기한을 표시함으로써 의무를 지도록 해야 할 것입니다.

6. 10억 지원받고 4개월 만에 '먹튀' 9억 5천만 원 날린 분양사, 의사 상대로 채무불이행 소송제기!

수원고등법원 2024. 11. 8. 선고 2024나11920 판결 [손해배상(기)]

사건 요약

1. 사건의 개요

원고(주식회사 A) 분양회사는 피고(B) 의사에게 약 10억 원 상당(인테리어 비용, 보증금 면제 등)을 지원하는 대가로, 피고가 건물에서 이비인후과, 피부과, L 의원(야간/주말 진료)을 5년간(60개월) 운영하기로 하는 약정을 체결했습니다. 그러나 의사는 이비인후과를 실질적으로 운영하지 않았고 L 의원 운영도 4개월 만에 중단하여 지원약정을 위반했습니다. 이로 인해 원고는 해당 병원들의 입점을 보장했던 제3자(R) 약국과의 분양 계약이 해제되어, 매매대금 반환 및 이자, 손해배상금, 권리금 반환 및 이자, 세금 등 막대한 손해(약 9.5억 원 주장)를 입게 되었습니다.

원고는 의사를 상대로 채무불이행 또는 불법행위(고지의무 위반 등)를 이유로 손해배상을 청구하였고, 항소심에서 예비적으로 착오 취소 및 부당이득 반환청구를 추가했습니다.

2. 사건의 쟁점

가. 이 사건 지원약정의 성립 여부: 원고의 지원금 제공과 피고의 특정 병원(이비인후과, 피부과, L 의원) 60개월 운영 약속 사이에 법적 구속력이

있는 계약(의사의 합치)이 성립했는지 여부.

나. 피고의 채무불이행 여부: 피고가 이비인후과를 실질적으로 운영하지 않고 L 의원 운영을 조기 중단한 것이 위 약정의 위반(채무불이행)에 해당하는지 여부.

다. 손해의 종류 및 인과관계(특별손해 해당 여부): 원고가 제3자(R)와의 계약 해제로 입은 손해가 피고의 채무불이행으로 인한 손해이며, 이것이 통상손해인지 특별손해인지 여부.

라. 특별손해에 대한 피고의 예견가능성: 피고가 자신의 채무불이행으로 인해 원고에게 R과의 계약 관련 특별손해가 발생할 수 있다는 점을 알았거나 알 수 있었는지 여부(민법 제393조 제2항).

마. 손해배상 책임의 범위 및 제한: 피고가 배상해야 할 손해액은 얼마이며, 공평의 원칙 등에 따라 그 책임이 제한될 수 있는지 여부.

판결 원문

사건
2024나11920 손해배상(기)

원고, 항소인
주식회사 A

피고, 피항소인
B

제1심판결
수원지방법원 2023. 12. 21. 선고 2022가합23100 판결

변론 종결
2024. 9. 6.

판결 선고
2024. 11. 8.

주문
1. 이 법원에서 추가한 예비적 청구를 포함하여 제1심 판결을 다음과 같이 변경한다.

가. 피고는 원고에게 350,265,440원 [중략] 돈을 지급하라.

나. 원고의 나머지 주위적 청구 및 예비적 청구를 각 기각한다.

2. 소송총비용 중 2/3는 원고가, 나머지는 피고가 각 부담한다.

3. 제1의 가항은 가집행할 수 있다.

청구 취지 및 항소 취지

제1심 판결을 취소한다. 주위적 및 예비적으로, 피고는 원고에게 952,045,574원 [중략] 돈을 지급하라(원고는 선택적으로 채무불이행 또는 불법행위에 따른 손해배상을 구하다가 이 법원에서 예비적으로 착오취소에 따른 원상회복청구 및 계약불성립에 따른 부당이득반환청구를 추가하였고, C에 대한 소를 취하하였다. 이에 따라 제1심 판결 중 C에 대한 부분은 실효되었고, 항소 취지도 변경된 것으로 본다).

이유

1. 인정사실

이 법원이 이 부분에 관하여 적을 이유는 아래와 같이 고치는 것 외에는 제1심 판결 이유 해당 부분 기재와 같으므로 이를 그대로 인용한다(민사소송법 제420조 본문).

○ "피고 B"를 모두 '피고'로, "피고 C"를 모두 'C'로 고친다.

○ 2면 아래에서 9행의 "2021. 9. 4."를 "2017. 9. 4."로 고친다.

2. 원고의 주장

가. 주위적 청구

1) 채무불이행에 따른 손해배상청구

원고가 피고에게 이 사건 병원에서 이비인후과, 피부과, L 의원을 개원하여 진료를 하는 조건으로 합계 10억 원을 지원해 주었는데, 피고는 위 지원금 지급 약정에 기초한 병원 개원 및 진료 의무를 이행하지 않았거나 불완전하게 이행하였다. 피고는 종전 민사소송 판결로 인하여 원고가 입은 손해 합계액 952,045,574원[= 887,137,134원(= 매매대금 반환으로 인한 이자 472,734,541원 + 손해배상금 95,823,000원 + 권리금 230,000,000원 + 권리금에 대한 이자 56,460,273원) + 세금 64,908,440원]과 이에 대한 지연손해금을 지급할 의무가 있다.

2) 불법행위에 따른 손해배상청구(선택적 청구)

이 사건 병원의 이비인후과 진료를 담당하기로 한 Z는 당초부터 이 사건 병원에서 실질적으로 이비인후과 진료를 할 의사가 없음을 피고에게 전달하였다. 피고는 위와 같은 사실을 고지할 의무가 있음에도 고의 또는 과실로 설명 및 고지의무를 위반하였고, 이 사건 병원에서 이비인후과가 실질적으로 진료를 개시할 것처럼 외관을 형성하였다. 이로 인하여 원고에게 위와 같은 손해가 발생하였다. 피고는 위 손해 합계액 및 이에 대한 지연손해금을 지급할 의무가 있다.

나. 예비적 청구

1) 착오취소에 따른 원상회복청구(제1예비적 청구)

위 지원금 지급 약정에 관한 내용은 원고의 동기의 착오인데, 이는 피고에 의하여 유발된 착오이다. 따라서 민법 제109조 제1항에 따라 위 약정을 취소한다. 피고는 원고에게 위 약정의 취소에 따른 원상회복으로 원고로부터 지급받은 돈을 반환할 의무가 있다.

2) 부당이득반환청구(제2예비적 청구)

피고가 원고와 아무런 약정을 체결하지 않고 원고로부터 지원금을 지급받은 것이라면, 이는 법률상 원인 없이 이익을 얻고 이로써 원고에게 동액 상당의 손해를 가한 것이다. 피고는 원고에게 위와 같이 수령한 지원금을 부당이득으로 반환할 의무가 있다.

3. 판단

가. 주위적 청구에 대한 판단

1) 병원 운영의무에 관한 약정 여부

계약이 성립하기 위해서는 당사자 사이에 계약의 내용에 관한 의사의 합치가 있어야 한다. 이러한 의사의 합치는 계약의 내용을 이루는 모든 사항에 관하여 있어야 하는 것은 아니고, 본질적 사항이나 중요 사항에 관하여 구체적으로 의사가 합치되면 충분하다(대법원 2017. 5. 30. 선고 2015다34437 판결 등 참조).

위 인정사실 및 증거, 갑 제8 내지 10, 13 내지 16, 22 내지 26, 30, 46, 47호증의 각 기재, 제1심 증인 Y, Z의 각 일부 증언에 변론 전체의 취지를 종합하여 인정할 수 있는 아래 사정을 위 법리에 비추어 보면, 피고는 원고로부터 이 사건 병원의 개설에 관하여 지원을 받는 대가로 임대차기간 동안 피부과, 이비인후과 및 주말이나 야간에도 진료를 하는 응급의학과 병원(이하 'L 의원'이라 한다)을 개설, 운영하기로 하는 내용의 약정(이하 '이 사건 지원약정'이라 한다)을 원고와 체결하였다고 봄이 타당하다.

가) 이 사건 지원약정의 본질적 사항은 지원금의 액수 및 지급방법, 그 대가로 피고가 부담하는 반대의무의 내용 및 기간이다. 피고는 종전 민사소송의 항소심에 증인으로 출석하여 "이 사건 건물에 60개월 동안 피부과, 이비인후과, L 의원 3개 과목의 병원을 계속 운영할 것을 조건으로 인테리어 비용과 보증금을 지원받았다."라고 진술하였는데, 이는 원고가 이 사건 지원약정의 본질적 사항에 관하여 주장하는 내용과 일치한다.

나) 원고와 피고 사이에 작성된 임대차계약서의 특약사항에는 각각의 임대차목적물이 이비인후과, 피부과 및 L 의원의 호수이고 임대차기간은 인도일로부터 60개월이라는 내용이 기재되어 있다. 피고는 이 사건 병원의 개설 과정에서 원고로부터 인테리어 공사대금과 임대차계약상 임대차보증금을 실제로 지급하지 아니하는 이익을 얻었고, 원고가 피고를 위하여 지출한 인테리어 공사대금 합계액은 704,000,000원, 임대차보증금 합계액은 360,000,000원으로 임대차기간 60개월 동안 피고가 부담하는 차임의 총합계를 초과하는 큰 금액이다. 피고가 특정 진료과 개설, 일정 기간의 병원 운영 등의 의무부담을 지지 않고, 원고가 위와 같은 금액을 지출하였다는 것은 통상의 거래관념에 반한다.

2) 손해배상책임의 성립

앞서 든 증거와 변론 전체의 취지에 의하여 인정할 수 있는 아래 사정을 종합하면, 피고는 이 사건 병원에 이비인후과를 실질적으로 운영하지 아니하였고 L 의원의 운영도 4개월 만에 중단하였으므로, 이 사건 지원약정에 따른 채무를 이행하지 아니하였다고 봄이 타당하다. 따라서 피고는 원고에게 위 채무불이행에 따른 손해를 배상할 의무를 부담한다.

가) 민사재판에서 다른 민사사건 등의 판결에서 인정된 사실에 구속받는 것은 아니라 할지라도 이미 확정된 관련 민사사건에서 인정된 사실은 특별한 사정이 없는 한 유력한 증거가 된다(대법원 2022. 5. 12. 선고 2019다215531, 215548 판결 등 참조). 종전 민사소송에서 이 사건 병원에서 이비인후과 진료를 담당하기로 하였던 Z는 이 사건 병원에서 이비인후과 전문의로 계속 근무할 의사가 없었고, 정상적으로 이비인후과 진료도 하지 않았으므로 이 사건 건물에 이비인후과가 실질적으로 입점하지 않았다는 사실이 인정되었다. 종전 민사소송의 사실인정을 그대로 채용하기 어려운 합리적인 이유도 없다.

나) 피고는 위와 같이 Z가 이 사건 병원에서 이비인후과 전문의로 계속 근무할 의사가 없었다는 점을 알았음에도 다른 이비인후과 전문의를 고용하지 않았고, 본인이 이비인후과 전문의임에도 불구하고 직접 이비인후과 진료를 하지 않았다.

3) 손해배상책임의 범위(특별손해)

민법 제393조 제1항은 "채무불이행으로 인한 손해배상은 통상의 손해를 그 한도로 한다."라고 정하고, 제2항은 "특별한 사정으로 인한 손해는 채무자가 이를 알았거나 알 수 있었을 때에 한하여 배상의 책임이 있다."라고 규정하고 있다. 제1항의 통상손해는 특별한 사정이 없는 한 그 종류의 채무불이행이 있으면 사회일반의 거래관념 또는 경험칙에 비추어 통상 발생하는 것으로 생각되는 범위의 손해를 말하고, 제2항의 특별한 사정으로 인한 손해는 당사자들의 개별적, 구체적 사정에 따른 손해를 말한다(대법원 2019. 4. 3. 선고 2018다286550 판결 등 참조).

원고가 주장하는 손해는, 원고가 R과 체결한 분양계약의 특약사항(이 사건 건물에 피부과, 이비인후과 및 L 의원의 입점을 보장하고, 미입점 시 매매계약을 무효로 하며, 일정 항목의 손해를 전보하기로 하는 내용)에 따라 분양계약이 해제됨으로 인하여 원고가 부담하게 된 손해이다. 원고와 R 사이의 매매계약은 이 사건 지원약정 이후에 체결되었고 피고는 위 매매계약의 당사자가 아니므로, 원고에게 발생한 위 손해는 원고의 특별한 사정으로 인한 손해에 해당한다.

그러나 앞서 든 증거와 변론 전체의 취지에 의하면, 피고는 원고와 이 사건 건물의 매수자 R 사이에 체결된 매매계약에서 약국 독점권과 이 사건 건물에의 병원 입점을 보장하고 위반 시 매매대금을 환불하는 내용의 특약사항이 있는 사실을 원고 측으로부터 직·간접적으로 들어서 알고 있었던 것으로 보이고, 건물의 분양자가 병원 입점을 지원하는 목적에 약국 등 관련 업종의 임대 수요의 유인이 포함되고, R이 원고에게 권리금 또는 병원지원금 명목으로 지급한 돈이 피고에 대한 지원금으로 사용되었다는 점도 통상적인 거래관행에 비추어 예견 가능하므로, 피고는 위 특별한 사정을 알았거나 알 수 있었다고 봄이 타당하다.

피고의 채무불이행으로 인한 원고의 손해배상액은 700,530,890원(= 손해배상금 127,942,320원 + 매매대금 반환으로 인한 2022. 10. 28.까지의 이자 221,219,858원 + 권리금 230,000,000원 + 권리금에 대한 2022. 10. 28.까지의 이자 56,460,273원 + 세금 64,908,440원, 10원 미만 버림)이 된다.

4) 손해배상책임의 제한

앞서 본 증거와 변론 전체의 취지를 종합하여 인정할 수 있는 다음과 같은 사정, 즉 ① 원고에게도 R과의 특약사항 또는 피고와의 이 사건 지원약정을 명확히 하지 아니한 잘못이 있는 점, ② 피고가 다른 이비인후과 전문의를 구하기 위하여 노력하였고, 처음부터 이 사건 병원을 계속 운영할 의사 없이 원고로부터 지원을 받은 것으로 보이지는 않는 점 등 이 사건 기록 및 변론에 나타난 제반 사정을 종합하여 보면, 손해의 공평, 타당한 분담이라는 손해배상제도의 이념에 비추어 피고의 원고에 대한 손해배상책임은 앞서 인정한 손해배상액의 50%로 제한함이 타당하다.

5) 소결

피고는 원고에게, 피고의 채무불이행으로 인한 원고의 손해액 350,265,440원(= 700,530,890원 × 50%, 10원 미만 버림)과 이에 대하여 원고가 구하는 손해발생일인 2022. 10. 28.부터 피고가 그 이행의무의 존재 여부나 범위에 관하여 항쟁함이 타당한 이 판결 선고일인 2024. 11. 8.까지는 원고가 구하는 연 5%, 그다음 날부터 다 갚는 날까지는 소송촉진 등에 관한 특례법이 정한 연 12%의 각 비율로 계산한 지연손해금을 지급할 의무가 있다(원고는 선택적으로 피고의 불법행위로 인한 손해배상도 청구하는데, 위 불법행위책임이 인정되더라도 그 손해액이 앞서 인정한 채무불이행으로 인한 손해배상의무 범위를 초과한다고 보이지 않으므로 이에 대하여 더 나아가 판단하지 아니한다).

나. 예비적 청구에 대한 판단

주위적 청구의 일부만 인용하므로, 이를 초과한 부분에 관한 예비적 청구에 대하여 본다. 원고가 제출한 증거만으로는 원고에게 이 사건 지원약정 체결에 관하여 동기의 착오가 있었다고 인정하기 부족하고 달리 이를 인정할 증거가 없으므로, 원고의 제1예비적 청구는 이유 없다. 또한 이 사건 지원약정이 체결되었음은 앞서 살펴본 바와 같으므로, 위 약정이 체결되지 않았음을 전제로 한 제2예비적 청구도 이유 없다.

4. 결론

원고의 주위적 청구는 위 인정범위 내에서 이유 있어 인용하고, 나머지 주위적 청구 및 예비적 청구는 모두 이유 없어 기각하여야 한다. 제1심 판결은 이와 결론을 일부 달리하여 부당하므로 원고의 항소를 일부 받아들여, 이 법원에서 추가된 예비적 청구를 포함하여 제1심 판결을 주문과 같이 변경한다.

개국 약사를 위한 판결의 의미와 해석

이 사건은 분양사와 의사간의 소송으로 약사가 직접 피해자로 언급되지 않지만, 분양업자와 의사 간의 커넥션, 그리고 그로 인해 약국까지 영향을 받는 복잡한 구조를 이해하는 데 매우 중요한 사례입니다. 즉, [분양업자 - 의사 - 약국] 간에 형성된 지원금 및 자금 흐름 시스템이 어떻게 돌아가는지를 이 사건을 통해 자세히 살펴볼 수 있습니다.

먼저, 이 사건은 의사가 분양업자로부터 지원금을 받고도 병원을 정상적으로 운영하지 않은 데 대한 법적 판단을 담고 있습니다. 이를 통해 알 수 있는 점은, 의사들이 이러한 방식으로 분양업자와 결탁하여 병원 개설 명목으로 지원금을 받는 행태가 단순히 일부 사례에 그치는 것이 아니라, 상당히 빈번하게 발생하고 있다는 현실입니다.

구체적으로, 의사는 피부과, 이비인후과 그리고 응급의학과 병원(L 의원)을 개설하여 60개월, 즉 5년간 운영하기로 하였습니다. 이 과정에서 인테리어 비용 7억 4백만 원과 임대차 보증금 3억 6천만 원을 지원받았습니다. 하지만 결과적으로 이 의사는 이비인후과를 제대로 운영하지 않았고, 개설한 L 의원 역시 4개월 만에 운영을 중단하였습니다. 이는 분명 계약 위반에 해당합니다.

만약 분양업자가 약사에게 받은 분양대금을 반환하지 않았거나, 분양받은 약사에게 계약 해지를 허용하지 않아 계속 분쟁이 이어졌다면, 이 사건은 또 다른 법적 다툼으로 번졌을 가능성이 큽니다. 하지만 이 사건에서는 그런 문제까지는 발생하지 않은 것으로 보입니다. 다만, 이런 분양업자가 흔치 않기에 안심할 수는 없습니다. 반대의 경우 약국 측에도 상당한 피해를 초래하기 때문입니다. 따라서 약사들은 분양이나 임대계약 시 세심한 주의를 기울여야 합니다.

이 사건에서 특히 주목해야 할 점은, 의사에게 무상으로 제공된 혜택의 규모입니다. 인테리어 비용만 해도 약 7억 원, 보증금은 3억 6천만 원에 달합니다. 여기에 아마도 렌트프리 기간 6개월 정도가 추가로 제공되었을 가능성이 큽니다. 그렇다면 의사는 과연 총 얼마의 비용을 부담하고 병원을 개설했을까요? 사실상 거의 비용을 들이지 않고 들어온 셈입니다. 이런 상황에서 의사가 실제로 투자한 금액은 거의 없다고 봐야 할 것입니다.

그렇다면, 이 엄청난 비용은 누가 감당하게 될까요? 분양업자는 의사에게 10억 원 가까운 지원금을 무상으로 제공하면서도 이익을 남겨야 하므로, 결국 이 비용은 다른 분양자, 즉 수십억 원을 투자하여 상가나 약국을 분양받은 약사들이 부담하는 셈이 됩니다. 저 역시 이러한 복잡한 시스템 때문에 상당한 피해를 입은 경험이 있습니다. 그래서 이와 같은 분양 및 임대 시스템의 구조를 명확히 이해하는 것이 매우 중요하고 특히 약국 개국을 준비하는 약사님들은 이런 복잡한 자금 흐름과 지원 구조에 대해 충분히 이해하고, 분양업자나 의사와의 관계에서 발생할 수 있는 리스크를 미리 파악해야 합니다.

이 사건은 단순히 한 건의 소송 사례를 넘어, 분양업자와 의료인, 그리고 약국 분양자 간의 이해관계와 자금 흐름이 얽혀 있는 복잡한 생태계를 보여 줍니다. 의사가 병원을 개설한다는 명목으로 지원금을 받고 실제로 운영하지 않는 경우에 결국은 그 피해가 약국을 개설하는 약사들에게 전가될 수밖에 없다는 점을 명확히 인식해야 합니다.

#2 약국 임대차계약 해지 소송

7. 특약 '병원이 입점되지 않으면…' 과연! 입점의 의미가 단순 계약 무효 조건일 뿐인가?

인천지방법원 부천지원 2019. 9. 4. 선고 2019가합101525 판결 [보증금반환]

사건 요약
---

1. 사건의 개요

원고는 약국 운영을 목적으로 피고 소유의 건물 1층 D호를 임차하는 계약을 체결하고 보증금 2억 원을 지급했습니다. 계약에는 '같은 건물 3층에 병원이 입점되지 않으면 계약을 무효로 한다'는 특약사항(제3항)을 작성했습니다.

약국 개설을 위해 인테리어 비용 등을 지출했지만 상당 기간 병원이 입점하지 않아 계약 해제 또는 무효를 주장하며 보증금 반환 및 손해배상을 청구했습니다.

2. 사건의 쟁점

병원의 입점을 특약으로 하고 임대차계약을 체결했지만 약속된 병원 입점이 되지 않았고, 이미 약국은 개설을 위해 상당한 비용을 투자한 상태였습니다.

가. 특약의 내용이 피고가 계약상 병원을 입점시킬 '의무'를 부담하는지, 병원이 입점하지 않는 것에 대한 '계약 해제조건'으로 정한 것인지

나. 특약사항 제3항의 해제조건인 '병원이 입점되지 않으면 계약을 무효로 한다'는 조건이었는데 이것은 성취된 것인지

다. 보증금 반환 의무: 계약이 무효가 됨에 따라 피고는 부당이득으로 보증금 2억 원을 원고에게 반환해야 하는지

라. 신뢰이익 손해배상 책임 여부: 원고가 계약의 유효를 믿고 지출한 비용(약국 개설 비용 등)을 피고가 배상해야 하는지 여부

판결 원문

사건

2019가합101525 보증금반환

원고

A

피고

B

변론 종결

2019. 8. 14.

판결 선고

2019. 9. 4.

주문

1. 원고의 주위적 청구를 기각한다.
2. 피고는 원고에게 200,000,000원 [중략] 돈을 지급하라.
3. 원고의 나머지 예비적 청구를 기각한다.
4. 소송비용의 40%는 원고가, 나머지는 피고가 각 부담한다.
5. 제2항은 가집행할 수 있다.

청구 취지

주위적 및 예비적으로, 피고는 원고에게 338,314,642원 [중략] 돈을 지급하라.

이유

1. 기초 사실

가. 원고는 약국을 운영할 목적으로 2018. 10. 30. 피고와 '원고가 피고로부터 화성시 C 건물(이하 'C 건물'이라 한다) 1층 D호(이하 '이 사건 건물'이라 한다)를 보증금 200,000,000원, 차임 월 5,400,000원, 임대차기간 2018. 10. 30.부터 2021. 10. 30.까지로 정하여 임차'하기로 임대차계약을 체결하였다.

나. 원고는 피고에게 보증금으로 합계 200,000,000원을 지급하였다.

다. 원고와 피고는 2018. 11. 26. 위 임대차계약의 내용을 '차임 월 5,700,000원, 임대차기간 2018. 10. 30.부터 2023. 10. 30.까지'로 변경하고, 2018. 12. 19. 위 임대차계약의 내용을 '차임 월 6,000,000원'으로 변경하였으며, 아래와 같이 특약사항(이하 '특약사항'이라 한다)을 정하였다(최종적으로 변경된 임대차계약을 '이 사건 계약'이라 한다).

2. 당사자들의 주장

가. 원고의 주장

1) 주위적 청구

피고는 원고에게 2018. 11. 말경까지 C 건물 3층에 내과 병원(이하 '내과'라고 한다)을 입점시킬 의무가 있음에도 이를 위반하였다. 원고가 2019. 3. 7.경 이 사건 계약을 해제한다는 의사표시를 하여 그 무렵 이 사건 계약은 해제되었다.

따라서 피고는 원고에게 이 사건 보증금을 반환할 의무가 있고, 원고가 약국 운영을 하기 위하여 별지 목록 기재와 같이 지출한 비용 138,314,642원을 신뢰이익으로 배상할 의무가 있다.

2) 예비적 청구

C 건물 3층에 내과 병원이 입점되지 않았으므로 특약사항 제3항에 따라 이 사건 계약은 무효이다.

따라서 피고는 원고에게 이 사건 보증금을 반환할 의무가 있고, 원고가 약국 운영을 하기 위하여 별지 목록 기재와 같이 지출한 비용 138,314,642원을 신뢰이익으로 배상할 의무가 있다.

나. 피고의 주장

1) 피고가 원고에게 내과 병원을 입점시켜 주기로 의무를 부담한 사실이 없다. 의무를 부담했더라도 이행기가 도래하지 않았다. 따라서 피고가 채무불이행 한 것이 없다.
2) 설령 해제되었다고 하더라도 별지 목록 기재 물품 중 상당 부분이 회수

가능한 집기류이고, 약사협회 가입비 등 임대차계약과 무관한 것이 포함되어 있으며, 대출이자는 피고가 인식하지 못한 특별손해이고, 입점 시 기대수익은 손해가 입증되지 않았다. 따라서 원고의 손해배상 주장은 이유 없다.

3. 판단

가. 특약사항 제3항의 해석

1) 계약당사자 사이에 어떠한 계약내용을 처분문서인 서면으로 작성한 경우에 문언의 객관적인 의미가 명확하다면, 특별한 사정이 없는 한 문언대로의 의사표시의 존재와 내용을 인정하여야 하지만, 그 문언의 객관적인 의미가 명확하게 드러나지 않는 경우에는 그 문언의 내용과 계약이 이루어지게 된 동기 및 경위, 당사자가 계약에 의하여 달성하려고 하는 목적과 진정한 의사, 거래의 관행 등을 종합적으로 고찰하여 사회정의와 형평의 이념에 맞도록 논리와 경험의 법칙, 그리고 사회일반의 상식과 거래의 통념에 따라 계약내용을 합리적으로 해석하여야 하고, 특히 당사자 일방이 주장하는 계약의 내용이 상대방에게 중대한 책임을 부과하게 되는 경우에는 그 문언의 내용을 더욱 엄격하게 해석하여야 한다(대법원 2002. 5. 24. 선고 2000다72572 판결 등 참조).

2) 갑 제4, 6, 10호증의 기재 및 변론 전체의 취지에 의하여 알 수 있는 다음과 같은 사정 즉, ① 건물에 병원을 입점시키는 것은 피고의 의지나 능력만으로 이행될 수 있는 것이 아니고 피고가 의사자격증이 있는 제3자로 하여금 입점을 하게 만들어야 하는 것인바, 피고에게 제3자가 운영하는 병원을 입점하게 할 의무가 있다고 인정하기 위해서는 그러한 의무를 명

시적으로 부과하는 규정이 있어야 할 것으로 보이는 점, ② **특약사항 제3항은 병원이 입점되지 않으면 이 사건 계약을 무효로 한다는 내용으로서 그 문언만으로 곧바로 피고에게 병원을 입점시킬 의무가 부과된다고 보기는 어려운 점**, ③ 이 사건 계약서의 내용 중에 피고에게 병원을 입점시킬 의무를 부담시키는 조항이나 피고에게 그러한 의무가 있음을 전제로 추가적인 법률관계를 규율하는 조항이 없는 점, ④ 원고가 제출한 E와의 문자나 대화 녹취록은 E가 피고의 대리인이라고 볼 증거가 없어 E의 진술을 피고의 진술과 동일시하기 어려울 뿐만 아니라 위 문자나 대화 녹취록의 내용에 의하여도 피고에게 병원을 입점시킬 의무가 있다고 인정되지는 않는 점 등을 종합하여 보면, 특약사항 제3항은 피고에게 C 건물에 병원을 입점시킬 의무를 부과하는 것이 아니라 C 건물에 병원이 입점되지 않을 경우 이 사건 계약이 무효로 된다는 해제조건을 정한 것으로 판단된다.

나. 주위적 청구에 관한 판단

앞서 본 것과 같이 **특약사항 제3항은 피고에게 병원을 입점시킬 의무를 부과하는 조항이 아니고, 원고가 제출한 증거만으로는 피고가 그와 같은 의무를 부담한다고 인정하기 부족하며, 달리 이를 인정할 증거가 없다. 따라서 피고에게 병원을 입점시킬 의무가 있음을 전제로 하는 원고의 위 주장은 더 나아가 판단할 필요 없이 이유 없다.**

다. 예비적 청구에 관한 판단

1) 특약사항 제3항에 정한 해제조건의 성취 여부

가) 특약사항 제3항은 '병원이 입점되지 않으면 이 사건 계약을 무효로 한다'고정하고 있을 뿐 언제까지 병원이 입점되어야 하는지 정하고 있지 않다. 이에 특약사항 제3항의 조건의 성취 기간이 정해져 있는지에 관하여 보건대, 갑 제4, 13호증의 각 기재 및 변론 전체의 취지에 의하여 알 수 있는 다음과 같은 사정들을 종합하여 보면, 원고와 피고 사이에 '상당한 기간' 병원이 입점되지 않으면 이 사건 계약을 무효로 하기로 하는 묵시적인 합의가 있었다고 봄이 상당하다.

① 병원의 입점 여부는 원고의 약국 운영에 매우 큰 영향을 끼칠 수밖에 없는바, 원고와 피고 모두 이를 명확하게 인식하고 특약사항 제3항을 약정하였다.
② 피고는 원고에게 내용증명을 통하여 병원이 입점되지 않으면 이 사건 계약을 무효로 하고 보증금을 반환할 의사가 있음을 다시 한번 확인시켜 주었다.
③ 특약사항 제3항의 조건성취 기한이 정해져 있지 않다고 볼 경우 위 특약사항 제3항은 실질적으로 아무런 효력이 없게 되어 원고와 피고의 의사에 반할 뿐만 아니라 원고로서는 계약 기간이 종료될 때까지 병원이 입점되지 않아도 이를 감수해야 하는 부당한 결과가 발생한다.

나) 다음으로 특약사항 제3항의 해제조건이 성취되었는지에 관하여 보건대,

갑 제4, 8, 13호증의 기재 및 변론 전체의 취지에 의하여 알 수 있는 다음과 같은 사정들을 종합하여 보면, 원고가 피고에게 이 사건 건물을 인도하고 보증금의 반환을 요구한 2019. 3. 21.경에는 <u>해제조건의 성취 여부를 판단하기 위한 상당한 기간이 경과되었다고 판단되고, 그때까지 병원이 입점되지 않아 해제조건이 성취되었으므로, 이 사건 계약은 무효가 되었다.</u>

① 특약사항 제7항에 따라 원고는 병원이 개원할 때까지 피고에게 차임을 지급할 의무는 면하지만, 병원이 개원하지 않는 동안 원고가 얻는 수익도 매우 낮을 것으로 보이는바, 병원이 개원할 때까지 차임 지급 의무를 면한다는 사정만으로 원고가 장기간 병원이 입점되지 않는 상태를 감수하기로 하였다고 인정되지 않고, 그러한 상태를 감수할 것을 기대하기도 어렵다.
② 원고가 2019. 3. 7. 피고에게 내용증명을 통하여 2019. 3. 20.까지 병원을 입점시켜 줄 것을 요구하였다.
③ 원고가 이 사건 계약의 잔금 지급기일인 2018. 11. 20.로부터 약 4개월이 경과한 2019. 3. 21. 피고에게 이 사건 건물을 인도하였고 문자로 보증금의 반환을 요구하였으며 피고가 이에 알겠다는 답장을 보냈다.

2) 보증금 반환의무에 관한 판단
따라서 피고는 원고에게 <u>이 사건 보증금 200,000,000원을 부당이득으로 반환할 의무가 있다.</u>

3) 신뢰이익 배상의무에 관한 판단

가) 목적이 불능한 계약을 체결할 때에 그 불능을 알았거나 알 수 있었을 자는 상대방이 그 계약의 유효를 믿었음으로 인하여 받은 손해를 배상하여야 한다(민법 제535조 제1항 전문).
나) 이 사건 경우 이 사건 계약의 목적 달성이 원시적으로 불가능하였던 것이 아니라 특약사항 제3항의 해제조건이 성취되어 사후적으로 무효가 된 것이므로, 피고에게 민법 제535조 제1항의 규정에 따른 신뢰이익 배상의무가 발생한다고 보기 어렵다.
다) 다만 원고는 피고가 이 사건 임대차계약의 중요사항에 해당하는 병원의 입점 확정 여부 내지 개원 시기에 관하여 잘못된 정보를 고지하였으므로 신의칙상 고지의무를 위반하였다고 주장하고 있고, 이는 피고에 대하여 일반 불법행위 책임을 주장하는 것으로 해석될 여지가 있으므로, 이에 관하여 본다.

갑 제6, 10호증의 각 기재에 의하면, E가 원고에게 2018. 11. 말경에는 병원이 개원할 것 같다는 취지로 말하다가, 2019. 1.경에는 개원할 것 같다고 문자를 보낸 사실은 인정되나, 갑 제6, 10호증의 기재 및 변론 전체의 취지에 의하여 알 수 있는 다음과 같은 사정 즉, E가 피고의 대리인이라고 볼 증거가 없는 점, E가 병원이 2018. 11. 말경 또는 2019. 1.경까지 개원할 것 같다고 추측한 것에서 더 나아가 병원이 언제까지 확실히 개원한다고 단정적으로 말한 것으로 보이지는 않는 점, 피고가 병원을 유치하기 위하여 노력하였던 것으로 보이는 점 등에 비추어 보면, 원고가 제출한 증거만으로는, 피고가 병원의 입점 확정 여부 내지 개원 시기에 관하여 잘못된 정보를 고지하였다거나 신의칙상 고지의무를 위반하였다고 인정하기 부족하고, 달리 이를 인정할 증거가 없다. 따라서 원고의 위 주장은 이유 없다.

라. 소결

피고는 원고에게 이 사건 보증금 200,000,000원 및 이에 대하여 해제조건의 성취에 따른 부당이득반환을 청구채권으로 주장하는 내용이 담긴 원고의 2019. 8. 13. 자 준비서면이 송달된 다음 날인 2019. 8. 14.부터 피고가 그 이행의무의 존재 여부나 범위에 관하여 항쟁하는 것이 타당한 이 판결 선고일인 2019. 9. 4.까지는 민법이 정한 연 5%, 그다음 날부터 갚는 날까지는 소송촉진 등에 관한 특례법이 정한 연 12%로 각 셈한 지연손해금을 지급할 의무가 있다(원고는 피고가 이 사건 건물을 인도받은 다음 날인 2019. 4. 3.부터 이자 내지 지연손해금을 지급하여야 한다고 주장하나, 이 사건 계약에서 정한 해제조건에는 기한이 명시되어 있지 않아 규범적인 판단을 거쳐야 비로소 해제조건의 성취 여부를 알 수 있는 점, 원고는 이 사건 계약이 해제되었다는 주장과 함께 이 사건 건물을 인도한 것이므로 건물의 인도가 해제조건의 성취 여부에 대한 규범적 판단을 토대로 이루어진 것은 아닌 점 등에 비추어 보면, 피고가 해제조건의 성취 여부를 알았다고 보기 어려우므로, 피고는 해제조건의 성취에 따른 부당이득반환을 청구채권으로 주장하는 내용이 담긴 원고의 2019. 8. 13. 자 준비서면이 송달된 2019. 8. 13.까지는 이자가 발생하지 않는다. 따라서 원고의 위 주장 중 피고에게 2019. 4. 3.부터 2019. 8. 13.까지 발생한 이자의 지급을 구하는 부분은 이유 없다).

4. 결론

그렇다면 원고의 주위적 청구는 이유 없어 이를 기각하고, 예비적 청구는 위 인정범위 내에서 이유 있어 이를 인용하며, 나머지 예비적 청구는 이유 없어 이를 기각하기로 하여 주문과 같이 판결한다.

3항 판단에서 판사가 바라보는 이 사건의 내용과 판결 취지를 알 수 있다.

개국 약사를 위한 판결의 의미와 해석

우리는 '특약사항에 병원이 입점되지 않으면 이 사건 계약을 무효로 한다'는 내용이 작성된 것에 대한 의미를 판사의 해석을 잘 살펴보고 추후에 이런 일이 일어난 경우에는 계약서 작성을 어떻게 해야 하는지 알아보도록 하겠습니다.

▶ '병원이 입점되지 않으면 이 계약을 무효로 한다'의 의미

법원의 판단은 위 특약사항을 병원 입점 '의무'를 부과한 것이 아니라, 단순하게 병원이 입점하지 않는 것에 대한 '계약 해제조건'으로 정한 것이라고 해석했습니다. 따라서 피고의 채무불이행 책임은 없다. 즉, 병원을 넣지 못한 것에 대한 것에 대해서는 책임이 없다고 판단했습니다.

과연 이렇게도 해석이 가능하구나를 이 사건을 통해서 깨닫게 되었습니다. 병원의 입점을 시켜야 하는 의무가 당연 분양 대행사에 있음을 전제로 특약을 작성했지만 우리의 의도나 생각과 달리 법원의 해석은 이 특약을 단순히 입점이 되지 않은 것을 이야기하는 반쪽짜리 계약으로 만들어 버렸습니다. 결국 계약 해지는 되었지만 손해배상은 받을 수가 없게 되었습니다.

▶ 분양대행사 직원은 피고의 대리인 자격이 있나?

분양대행사 직원이 곧 병원이 계약할 것이라는 문자를 보냈다고 하더라도 이것이 분양사를 대신한다고 볼 수 없다는 것입니다. 분양대행사의 업무를 보는 직원이기 때문에 분양사를 대신해서 하는 말이라고 당연하게 생각할 수밖에 없음에도

불구하고 이번에도 법원은 인정하지 않았습니다. 물론 다른 회사이기에 그럴 수도 있겠지만 현장에서 분양사가 아닌 대행사 직원들과 계약 관련 진행을 하는 우리로서는 이러한 것도 챙겨야 하는 것임을 명확하게 알아 둬야 할 것입니다. 반드시 분양대행사 직원의 말만 믿지 말고, 분양사에 직접 확인하여 증거를 남겨 둬야 할 것입니다.

▶ **특약의 작성**

약사는 분양업자가 당연히 병원을 유치해 준다고 하였기에 임차를 하고, 분양을 받은 것인데 병원을 입점시켜 주겠다는 약속이 없었다면 왜? 우리가 비싼 월세를 주고 그 건물에 들어갈 것인가? 또한 병원 유치가 되지 않아서 입어야 하는 손실 즉, 인테리어나 임차 비용에 대한 이자비용 등은 당연히 보상을 받아야 함에도 불구하고 공정함이라는 이유로 제대로 된 보상을 하지 않는 것에 대해 약사라면 이해할 수가 없을 것입니다.

그렇다면 이것으로 볼 때 어떻게 해야 계약을 취소함과 동시에 원고인 약사가 원했던 피해 보상까지 받을 수 있는 그런 완전한 특약의 조항이 될 수 있을까? 이에 대한 것도 판결문을 통해 살펴보겠습니다.

1. 피고에게 정확히 병원을 입점시킬 의무를 부여한다.
2. 기한을 정확하게 정한다.
3. 분양업자 즉, 업체의 대표가 아닌 이상 직원과의 대화는 추후 대리인의 자격이 없으므로 대표와 대화 녹취나 카톡 등의 증거가 있어야 한다.

→ 분양업자는 0월 0일까지 병원을 유치하기로 약정하며, 약정이 안 됐을 경우 계

약은 해지되며, 약국 개설에 들어간 비용 일체를 보상한다. 구체적 항목은 컨설팅 비용, 부동산 비용, 대출이자, 경비, 보증금을 통해 발생될 수 있는 법정이자, 인테리어 비용 등이다.

8. 500병상 꿈꿨는데… 218병상으로 병상 축소 그리고 약국의 폐업, "장사 안돼 폐업했는데 임대료는 내라고요?"

대전지방법원 2024. 8. 29. 선고 2022나113640 판결 [임대차보증금]

사건 요약

1. 사건의 개요

원고 약사 A는 2020년 2월 25일 피고 B와 세종특별자치시 C 건물 D, E 호에 대한 임대차계약을 체결하고 약국을 개업하였습니다. 임대차보증금 2억 원, 월차임은 초기 600만 원에서 점차 인상되어 최대 900만 원으로 약정되었습니다. 그러나 병원은 당초 예정한 500병상보다 병상 수가 크게 줄어 개원을 하게 되었습니다. 약국은 조제료가 200밖에 되지 않아 임대인에게 임대료 차감을 요청했고, 500으로 조정되었지만 2021년 6월 폐업하였습니다. 이후 남은 임대료 감액과 임대차계약 해지를 주장하며 소송을 제기하였습니다.

2. 사건의 쟁점

약국 인근에 500병상 규모의 3차 병원이 개원할 예정이라는 점을 고려해 권리금 5천만 원과 높은 월차임을 부담하며 약국을 개업했지만 병원은 218병상으로 대폭 축소 개원했고, 이로 인해 약국의 처방전 수와 매출이 크게 감소하였습니다.

주요 쟁점

가. 임대차계약 체결 이후 병상 축소 등 경제적 사정 변화로 인해 월 임대료를 감액할 수 있는지 여부

나. 원고의 차임 지급 채무 범위 및 임대차계약 해지의 적법성

다. 병원 개원 지연과 규모 축소가 임대차계약 조건에 미친 영향과 계약 당사자 간 형평성 문제

판결 원문

사건
2022나113640 임대차보증금

원고, 항소인
A

피고, 피항소인
B

제1심판결
대전지방법원 2022. 7. 6. 선고 2021가단109186 판결

변론 종결
2024. 5. 23.

판결 선고
2024. 8. 29.

주문
1. 제1심 판결 중 예비적 청구에 관하여, 아래에서 채무 부존재를 확인하는 부분에 해당하는 원고 패소 부분을 취소한다.

원고와 피고 사이에 2020. 2. 25. 체결된 세종특별자치시 C 건물 D, E호에 관한 임대차계약에 기한 원고의 차임지급 채무는 2020. 9. 17.부터 위 임대차계약의 종료 시까지 월 3,500,000원의 비율로 계산한 돈을 초과하여서는 존재하지 아니함을 확인한다.
2. 원고의 나머지 항소를 기각한다.
3. 소송총비용 중 2/3는 원고가, 나머지는 피고가 각 부담한다.

청구 취지 및 항소 취지

1. 청구 취지

가. 주위적 청구 취지

피고는 원고로부터 세종특별자치시 C 건물 D, E호를 인도받음과 동시에 170,000,000원을 지급하라.

나. 예비적 청구 취지

원고와 피고 사이에 위 건물에 관하여 2020. 2. 25. 체결된 임대차계약에 기한 원고의 차임지급 채무는 2020. 9. 17.부터 위 임대차계약 종료 시까지 월 500,000원을 초과하여서는 존재하지 아니함을 확인한다.

2. 항소 취지

제1심 판결 중 예비적 청구에 관한 원고 패소 부분을 취소하고, 예비적 청구 취지와 같은 판결을 구함.

이유

1. 이 법원의 심판 범위

원고는 제1심에서 주위적으로 사정변경을 원인으로 한 임대차계약의 해제를 구하고, 예비적으로 차임감액청구에 따른 채무부존재 확인을 구하였으나, 제1심 법원은 주위적·예비적 청구를 모두 기각하였다. 이에 대하여 원고가 예비적 청구에 대하여만 불복하여 항소를 제기하였고, 이 경우 주위적 청구도 함께 항소심에 이심되나, 이 법원의 심판 범위는 예비적 청구에 한정된다.

2. 기초 사실

가. 임대차계약의 체결

1) 원고는 2020. 2. 25. 피고와 세종특별자치시 C 건물 D, E호(이하 '이 사건 건물'이라 한다)에 관하여, 임대차보증금 200,000,000원, 월차임 9,000,000원(매월 15일 선불, 부가가치세 불포함), 임대차기간 2020. 6. 15.부터 2025. 6. 14.까지 5년, 임차목적(용도)은 '약국'으로 하는 내용의 임대차계약(이하 '이 사건 임대차계약'이라 한다)을 체결하였다.

2) 한편, 원고와 피고는 월차임에 관하여, 아래 특약사항 기재와 같이 2020. 6. 15.부터 2021. 6. 14.까지는 6,000,000원의 월차임을 지급하되, 1년 단위로 1,000,000원씩 증액하여 2023. 6. 15.부터 2024. 6. 14.까지는 월 9,000,000원의 차임을 지급할 것을 약정하였다.

3) 원고는 피고에게 이 사건 임대차계약 체결 당일 임대보증금 명목으로 20,000,000원, 2020. 3. 20. 180,000,000원 합계 200,000,000원을 지급하였다.

나. 권리금 계약 및 권리금의 지급

원고는 이 사건 임대차계약 체결 당일 피고에게 피고가 이 사건 건물에서 운영한 'F 식당'에 대한 시설권리금 50,000,000원을 2020. 3. 20.까지 지급하기로 하는 내용의 권리금계약을 체결하고, 2020. 2. 26. 10,000,000원, 2020. 3. 6. 20,000,000원, 2020. 3. 18. 20,000,000원 합계 50,000,000원을 원고에게 권리금 명목으로 지급하였다.

다. 피고의 차임감액 등

원고는 이 사건 임대차계약에 따라 이 사건 건물을 인도받아 2020. 6. 15. 'G 약국'을 개원(이하 '이 사건 약국'이라 한다)하여 운영하였다. 원고는 2개월분 차임을 지급한 후 영업실적 저조를 이유로 차임 감액을 요구하였고, 피고는 2020. 8.경 월차임을 1,000,000원 감액하여 2021. 6. 14.까지 5,000,000원으로 조정해 주었다.

라. 원고의 차임감액청구 및 폐업

1) 원고는 2020. 9. 17. 피고에게 재차 차임감액청구의 의사표시를 하였으나, 피고는 이를 거절하였다.
2) 원고는 2020년 8월분 차임 5,000,000원을 지급한 후로 차임을 지급하지 아니한 채 2021. 6. 29. 폐업하였다.

[인정 근거] 다툼 없는 사실, 갑 1호증의 1, 2, 갑 3호증, 갑 4호증의 1 내지 3, 갑 5호증의 1 내지 3, 갑 10호증의 각 기재, 변론 전체의 취지

3. 원고 주장의 요지

가. 약사인 원고는 이 사건 건물 인근에 3차 병원 인증을 받을 H 병원(이하 '이 사건 병원'이라 한다)이 500개 이상 병상 규모로 개원할 예정인 점 등을 토대로 위 병원에 인접한 문전약국으로 이 사건 병원을 이용하는 환자들을 상대로 이 사건 병원에서 발행하는 처방전을 조제하는 방식으로 영업을 할 목적으로 이 사건 건물의 지리적 이점, 이 사건 병원 규모 등을 모두 고려하여 50,000,000원의 권리금을 지급하면서 주변 시세에 비하여 고액의 월차임을 지급하기로 하고 이 사건 임대차계약을 체결하였다.

나. 그러나 이 사건 병원은 당초 예정된 500개 병상보다 훨씬 적은 218개의 병상으로 규모를 대폭 축소되어 개원하였을 뿐 아니라 3차 병원 인증을 받지 못하였고, 이로 말미암아 이 사건 병원에서 발행되는 처방전에 의한 조제료 수입이 적어 피고와의 약정 차임으로는 도저히 약국을 운영할 수 없어 결국 폐업에 이르게 되었다. 이에 원고는 2020. 9. 17. 피고에 대하여 약정 차임의 감액을 청구하였는바, 원고의 2020. 7.부터 2021. 2.까지의 조제료 수입액이 월 평균 약 2,000,000원에도 미치지 못하는 점, 이 사건 건물에 대한 적정 임료감정결과 차임이 월 1,280,000원으로 산정된 점 등을 고려하여 보면 이 사건 상가에 대한 적정 차임은 500,000원이라 할 것이다.

다. 따라서 이 사건 임대차계약에 기한 원고의 차임 채무는 2020. 9. 17.부터 이 사건 임대차계약 종료 시까지 월 500,000원을 초과하여서는 존재하지 아니한다는 확인을 구한다.

4. 판단

가. 차임감액 인정 여부

1) 관련 법리

민법 제628조에서 정한 차임증감청구권은 계속적 채권관계인 임대차의 특성상 계약관계가 지속되는 동안 경제사정 등의 변동으로 당초 약정하였던 내용이 현실과 동떨어지게 되는 결과 기존의 약정 내용을 고수하는 것이 정의와 형평에 어긋나는 경우 변경된 사정에 맞게 계약 내용을 수정하는 것을 허용하는 신의칙상 이른바 '사정변경의 원칙'을 입법화한 것으로, 이에 의한 차임증감청구권이 인정되기 위해서는 차임을 약정한 후 공과부담의 증감 등 경제사정이 변동되어야 하고, 그러한 변동으로 인하여 종래의 차임으로 당사자를 구속할 경우 정의와 형평에 어긋나 불합리하다고 볼 수 있을 정도로 종래의 차임이 상당하지 아니하게 되어야 한다.

2) 인정사실

[중략]

가) 이 사건 병원은 2017. 2.경 내지 같은 해 3.경 세종특별자치시 J~K 구역 종합의료시설부지 대지면적 35,261㎡에 연면적 73,856㎡, 지하 3층부터 지상 11층, 심뇌혈관센터, 소아청소년센터, 여성센터 등 11개의 특성화 환자 진료 등을 목표로 500병상 규모의 병원 건설사업이 2017.

4.경 착공에 들어가 추후 800병상으로 확대될 계획이었으며 약 30개월의 공사기간을 거쳐 2019년에 개원할 예정이었는데, 그 무렵부터 이 사건 임대차계약 체결 당시까지 위와 같은 내용의 이 사건 병원 개원 예정 기사들이 보도되었다.

나) 이 사건 병원 건축은 2017. 4.경 공사에 착수한 후 공사가 다소 지연되었을 뿐만 아니라 코로나19 감염병 사태 등으로 말미암아 예정된 개원일자에 개원하지 못하였고, 당초 예정되거나 언론에 보도되었던 500병상이 아닌 218병상 규모로 대폭 축소되어 2020. 7. 16. 개원하였다.

다) 이 사건 병원의 개원 이후에 외래처방전 발행건수와 그 중 이 사건 약국에 제출되어 조제된 외래처방전 건수 및 흡수 비율은 아래와 같다. (이하 생략)

3) 구체적 판단

위 인정사실, 앞에서 본 사실, 앞에서 든 증거들, 갑 제25호증 내지 갑 제27호증, 증인 L의 제1심 법원에서의 증언, 증인 M의 이 법원에서의 증언에 각 에 변론 전체의 취지를 종합하여 알 수 있는 아래와 같은 사정들에 비추어 보면, 이 사건 임대차계약의 경우 경제사정 등의 변동에 따라 종래 약정 차임에 당사자를 그대로 구속시키는 것이 현저히 형평에 반하여 부당하다고 판단된다.

가) 의약분업이 실시된 이후 약국 수입은 병원에서 발행하는 처방전이 결정적인 역할을 하고, 병상 규모, 진료과목, 의료진의 수 등에 기반을 둔 병원의 규모가 입원환자뿐만 아니라 외래진료 환자 수로 이어지므로 병원의 규모는 처방전 발행 건수에 영향을 미친다고 봄이 상당하다. 또한 이

사건 약국을 포함한 이 사건 병원 인근의 약국 12곳은 비슷한 시기에 대학병원이나 종합병원 등에 근접하게 위치하여 다수의 처방전 확보가 가능한 소위 '문전약국'임을 전제로 임대차계약이 체결되었던 것으로 보이고, 원고가 이 사건 약국과 이 사건 병원 사이의 거리가 가까운 지리적 이점을 고려하여 피고에게 임대차보증금 200,000,000원 외에 별도의 권리금 50,000,000원까지 지급한 점에 비추어 보면, 이 사건 임대차계약의 차임은 이 사건 병원의 병상 개수 등 병원의 규모 및 지리적 이점 등을 고려하여 책정된 것으로 보인다.

나) 그런데 원고가 이 사건 임대차계약 체결 당시 고려하였던 이 사건 병원의 병상 규모 등과 달리 이 사건 병원은 설치 예정 500병상의 반절에도 미치지 못하는 218병상으로 개원하게 되었는데, 이와 같은 사정은 이 사건 임대차계약 체결 당시 전혀 예상할 수 없었던 것으로 보이고, 이 사건 병원의 개원 이후에 이 사건 약국의 처방전 흡수율은 이 사건 병원이 개원한 2020. 7.경부터 2021. 2.경까지 평균 약 2%에 불과하였는바, 적어도 이 사건 병원의 병상 축소는 이 사건 약국의 수입에 결정적 영향을 미쳤을 것으로 보인다.

다) 이에 더하여 ① 이 사건 임대차계약 체결을 중개한 원고 측 공인중개사인 L은 이 사건 임대차계약체결 전 원고에게 이 사건 약국의 월차임으로 최저 2,000,000원에서 3,000,000원을 제안하였던 것으로 보이나, 피고 측 공인중개사인 M이 이 사건 임대차계약 체결 중개를 위임받으면서 이 사건 병원의 병상규모, 이 사건 병원과 이 사건 건물의 거리, 지리적 이점 등을 이유로 월차임을 9,000,000원으로 주장하여 결정된 것으로 보이는 점, ② 갑 제13호증의 기재에 의하면 주변 임대시세 등을 고려한 이 사건 약국의 일반 상가로서의 월차임은 임대차보증금 300,000,000원

을 기준으로 1,280,000원에 불과한 점, ③ 이 사건 병원에 매우 근접한 소수의 약국을 제외한 나머지 약국들의 영업실적이 저조한 것으로 보이고, 그에 따라 일부 약국들은 폐업하기에 이른 것으로 보이는 점 등에 비추어 보면, 이 사건 병원과 이 사건 약국의 거리 및 지리적 이점을 고려하고, 약국운영을 목적으로 한 장기간의 임대차계약의 특수성 등을 고려하여 보더라도 현재의 차임은 통상적인 경우보다 현저히 고액인 것으로 보인다(한편 원고는 이 사건 병원이 3차 병원으로 운영될 것이라는 피고와 그 중개인의 입지조건에 관한 설명을 신뢰하였으므로, 3차 병원으로 승격되지 못한 사정도 차임감액 청구요건에 해당하는 경제사정의 변화에 해당한다고 주장하나, 원고가 제출한 증거들만으로는 피고 측이 이 사건 병원이 3차 병원으로 운영될 것이라는 점에 대해 설명하였다는 사실을 인정하기에 부족하고, 달리 이를 인정할 만한 증거가 없으므로 원고의 위 주장은 받아들이지 않는다).

나. 차임감액의 정도

1) 관련 법리

민법 제628조에 따른 차임증감청구권은 그 성질이 사법상의 형성권에 속하는 것으로서(대법원 1968. 11. 19. 선고 68다1882, 68다1883 판결 등 참조), 그 증감청구는 재판 과정에서 청구할 수 있을 뿐만 아니라 재판 외의 청구에 의하여서도 가능하다(대법원 1974. 8. 30. 선고 74다1124 판결 등 참조). 위 규정에 따라 장래에 대한 차임의 감액을 청구하였을 때 당사자 사이에 협의가 성립되지 아니하여 법원이 결정해 주는 차임은 그 감액청구의 의사표시를 한 때에 소급하여 효력이 생긴다(차임증액청구사안에 관한 대법원 2018. 3. 15. 선고 2015다239508, 239515 판결 참조).

2) 구체적 판단

가) 차임감액의 시기

원고가 2020. 9. 17. 이 사건 약국의 매출 감소 등을 감안하여 이 사건 임대차계약에서 정한 월차임을 감액하여 줄 것을 요청한 사실은 앞에서 본 바와 같고, 여기에는 민법 제628조에 따른 차임감액청구권을 행사하겠다는 의사표시가 포함된 것으로 볼 수 있으므로, 그때부터 차임감액의 효력이 발생하였다고 봄이 타당하다.

나) 차임감액의 범위

앞에서 본 사실, 앞에서 든 증거들, 갑 제8호증에 변론 전체의 취지를 종합하여 인정할 수 있는 다음이 사정들 즉, ① 이 사건 병원의 개원 이후 이 사건 병원에서 발행된 처방전의 흡수 건수 등을 토대로 살펴보면, 이 사건 약국의 대략적인조제약 매출액이 월 평균 2,000,000원에도 미치지 못한 것으로 보이는 점, ② 이 사건 약국이 일반상가로 임대차계약이 체결되었을 경우 적정 월차임이 1,280,000원으로 산정되기는 하였으나, 이 사건 병원과 이 사건 상가의 거리, 접근 동선 등 지리적인 장점 등을 종합적으로 고려하여 체결된 약국 운영 목적의 임대차계약인 점, 이 사건 기록에서 나타난 이와 동일한 목적으로 체결된 인근 약국의 임대 시세 등을 종합적으로 고려하여 보면 위와 같이 산정된 이 사건 임대차계약의 월차임을 그대로 적용하는 것은 구체적 타당성에 반하는 것으로 보이는 점, ③ 이 사건 약국의 매출 감소가 전적으로 이 사건 병원의 병상 축소에 기인한 것으로만 단정할 수 없고, 이 사건 병원과 더욱 인접한 다른 약국의 환자 수요 증가, 다른 약국의 개업 등 예상 가능한 사업상의 위험이 일부 실현되었을 가능성도 있는 점, ④ 이 사건 병원이 병상을 2021. 1. 31. 300병상으로 확대한 이후 현재까지도 병상을 증가하여 현재는 500병상 이상이 운영되고 있는 것으로 보이는 점, ⑤ 그 밖에 인근 약국들의 임대시세 등을 종합해 보면, 원고의 차임감액청구일인 2020. 9. 17.부터 이 사건 임대차계약의 종료 시까지 이 사건 임대차계약에 따른 차임은 월 3,500,000원으로 감액하는 것이 타당하다고 판단된다.

다) 소결

따라서 이 사건 임대차계약에 기한 원고의 차임은 2020. 9. 17.부터 이 사건 임대차계약의 종료 시까지 월 3,500,000원의 비율로 계산한 돈을 초과하여서는 존재하지 아니하고, 피고가 이를 다투고 있는 이상, 원고에게 그 확인의 이익도 존재한다.

5. 결론

그렇다면 원고의 예비적 청구는 위 인정 범위 내에서 이유 있으므로 이를 인용하고, 나머지 청구는 이유 없으므로 이를 기각하여야 한다. 제1심 판결은 이와 결론을 일부 달리하여 부당하므로, 원고의 항소를 일부 받아들여 제1심 판결 중 예비적 청구에 관한 원고 패소 부분을 취소하고 위와 같이 인정된 채무액을 초과하는 원고의 피고에 대한 채무는 부존재함을 확인하며, 제1심 판결 중 나머지 부분은 정당하므로, 이에 대한 원고의 나머지 항소는 이유 없어 이를 기각하기로 하여 주문과 같이 판결한다.

개국 약사를 위한 판결의 의미와 해석

500병상의 종합병원이 신축된다는 이야기를 듣고 임대인이 운영하는 식당에 5천만 원의 권리금과 2억에 최종 월세 900까지 하는 임대차계약을 체결 약국을 개국하게 됩니다. 하지만 병원은 코로나 등으로 인하여 개원 시기도 늦어지고, 병상 수도 280병상으로 축소되어 개원하게 되어 약국 수익은 월 200 정도밖에 되지 않아 결국 폐업하게 됩니다.

병원이 안돼서 약국이 나간 경우 과연 임대료는 어떻게 되는지, 법적으로 임대료 감액을 주장할 수 있는지, 임대차계약을 해지할 수는 있는지에 대한 부분을 공부해 볼 수 있는 중요한 판결문인 것 같습니다.

법원은

가. 병원이 500병상에서 280병상으로 줄어 약국이 잘 안되는 경제적 변화가 생겼기 때문에 월 임대료가 감액이 될 것이냐의 부분에서 일부분 약국의 손을 들어 줬습니다. 전부는 아니지만 900만 원의 월세에서 줄여서 350만 원으로 조정을 해 주었습니다. 물론 임차인 약사님은 주변 시세에 따라 50만 원을 요청하였지만 그것까지는 받아들여지지 않았습니다. 그나마 일부라도 감액이 되어 다행이라는 생각입니다.

나. 그러면 임대차계약은 해지될 수 있는 것이냐?

이 부분은 인정받지 못했습니다. 병원이 이제 500병상으로 다시 정상적으로 운영되고 있고, 다른 약국들이 추가로 개국하였기 때문입니다.

▶ 위 약국이 겪게 된 어려움은 '두 가지 때문이 아니었을까?'라고 생각해 볼 수 있을 것 같습니다

첫 번째는 개국 시점의 외부 환경 요인입니다.

개국한 시기는 코로나라는 팬데믹으로 인해 전반적으로 환자가 줄어드는 시기였습니다. 이때에는 모두들 힘들었던 시기였고, 폐업하는 병원도 많았기 때문입니다. 종합병원도 마찬가지로 외래 환자를 받을 수 없는 시기였기에 약국의 매출은 당연 감소할 수밖에 없는 상황이었을 거라 생각됩니다.

두 번째는 고액의 임대료입니다.

과도한 임대료로 병원이 자리 잡는 기간까지 약사님이 기다리지 못했거나 경영 악화에 대한 걱정이 너무 많았던 것이라고 생각됩니다. 대형 병원 인근 약국의 투자는 장기적인 관점에서 '시간 싸움'의 성격이 강한데, 성급한 기대감으로 감당하기 어려운 수준의 초기 투자를 단행했을 경우 자금난에 봉착하여 예상보다 빠르게 폐업을 결정하게 됩니다. 병원이 어느 정도 안정권에 들 때까지 기다려야 함에도 기다리지 못한 것이 원인이 아닌가 생각됩니다.

우리가 신규 약국을 개국할 때 이러한 부분들을 반드시 고려해야 하는데 이런 부분을 간과하고 금방 잘될 거라는 기대에 내가 감당할 수 있는 수준보다 더 많은 투자를 하는 경우 자금난에 시달려 어쩔 수 없이 포기해야 하는 상황이 생깁니다. 주식투자에서 돈이 없어서 강제로 주식을 팔아야 하는 반대매매와 같은 상황이 되는 것입니다. 위 약국의 어려움에는 다른 이유가 있을지도 모르지만 두 가지로 분석을 해 봤습니다. 사실 저도 운영난과 미래에 대한 보장이 없어서 3개월 만에 폐업을 결정한 적이 있습니다. 그리고 사건의 약사님처럼 남은 임대차기간 동안의 월세를 내느라 상당히 고생했던 기억이 납니다. 최근 권리금이 높아져 가기만 하

는 상황에서 수억의 대출을 받아 개국하는 사례가 트렌드처럼 되고 있습니다. 항상 계약 전 내가 감당할 수 있는 수준의 약국인지 다시 한번 생각해 보시고 개국 결정을 하시는 것도 좋을 것이라 생각합니다.

9. '엉터리 병원' 유치? 병원 입점 '허위 정보'에 1억 날렸다!
   약사들, 컨설팅, 의사 상대 사기 소송제기!

수원지방법원 2022. 12. 15. 선고 2019가단569968 판결 [부당이득금]

사건 요약

1. 사건의 개요

원고 약사 A와 B는 피고 C 컨설팅의 중개를 통해 피고 D 소아과 전문의가 개설할 병원이 입주할 예정인 상가를 임차하여 약국을 개설하였다.

원고들은 피고 C와 부동산 컨설팅 수임계약을 체결하고, 컨설팅에게 병원의 입점을 지원금 1억 원을 지급하였는데 실제 개원한 병원은 당초 약속과 달리 소아과 병원으로 보기 어려웠고, 의료진 구성도 계약 내용에 미치지 못하였다. 이에 원고들은 계약 해제를 통보하고 용역대금 반환을 요구하며 소송을 제기하였다.

2. 사건의 쟁점

컨설팅은 의사 D가 소아과 병원을 운영할 예정이라며 원고들에게 해당 상가 계약을 권유하였다. 원고들은 병원 개원을 전제로 약국을 개설하고 약 1억 원의 용역대금을 지급했으나, 실제 개원한 병원은 한의사 자격증이 있는 Q로 일반의였고, 소아과전문의 D는 주 20시간 진료만 하는 등 컨설팅 C의 이야기와 달랐다.

주요 쟁점

가. 피고 C가 약속한 컨설팅 업무를 이행했는지 여부

나. 컨설팅 용역계약 해제에 따른 원상회복(용역대금 반환) 범위와 책임 소재

다. 컨설팅 용역대금 지급이 의료법상 리베이트 등 불법 행위에 해당하는지 여부

라. 피고 C와 D가 공동으로 원고들을 기망하였는지 여부

판결 원문

사건

2019가단569968 부당이득금

원고

1. A
2. B

피고

1. C
2. D

변론 종결

2022. 10. 13.

판결 선고

2022. 12. 15.

주문

1. 피고 C는 원고들에게 60,000,000원 및 그중 10,000,000원에 대하여는 2018. 11. 26.부터, 나머지 50,000,000원에 대하여는 2018. 11. 27.부터 각 2022. 12. 15.까지는 연 5%의, 그다음 날부터 다 갚는 날까지는

연 12%의 각 비율로 계산한 돈을 지급하라.
2. 원고의 피고 C에 대한 나머지 주위적 청구 및 피고들에 대한 예비적 청구를 모두 기각한다.
3. 소송비용 중 원고와 피고 C 사이에 생긴 부분 중 40%는 원고가, 나머지는 피고 C가 각 부담하고, 원고와 피고 D 사이에 생긴 부분은 원고가 부담한다.
4. 제1항은 가집행할 수 있다.

청구 취지

주위적으로, 피고 C는 원고에게 100,000,000원 및 그중 30,000,000원에 대하여는 2018. 11. 25.부터, 20,000,000원에 대하여는 2018. 11. 26.부터, 50,000,000원에 대하여는 2018. 11. 27.부터 각 이 사건 소장 부본 송달일까지는 연 5%의, 그다음 날부터 다 갚는 날까지는 연 12%의 각 비율로 계산한 돈을 지급하라.

예비적으로 피고들은 공동하여 원고들에게 100,000,000원 및 이에 대하여 2018. 11. 27.부터 이 사건 소장 부본 송달일까지는 연 5%의, 그다음 날부터 다 갚는 날까지는 연 12%의 각 비율로 계산한 돈을 지급하라.

이유

1. 기초 사실

가. 피고 D는 의사(소아과 전문의)로서 아산시에서 'E 소아과의원'을 개설하여 이를 운영해 왔는데, 2018. 8. 25.경 주식회사 F(이하 'F'이라 한다)로부터 화성시 G 건물(이하 'G 건물'이라 한다) H호 및 I호(이하 '이 사건 4층

건물'이라 한다)에 관하여 분양계약을 체결하였고, 같은 해 12. 31. 피고 D가 대표자로서 운영하는 주식회사 J 앞으로 소유권이전등기를 마쳤다.

나. 원고들은 약국을 운영할 목적으로 2018. 12. 1. 피고 C의 중개 아래 K, L(이하 'K 등'이라 한다)로부터 G 건물 M호 및 N호(이하 '이 사건 상가'라 한다)를 임대차기간은 2019. 2. 1.부터 24개월간으로 정하여 임차하는 내용의 임대차계약을 체결한 다음(이하 '이 사건 임대차계약'이라 한다), 이 사건 상가에서 'O'라는 상호로 약국을 개설하여 그때부터 2019. 7. 31.까지 운영하다가 P에게 약국을 양도하고 영업을 종료하였다.

다. 한편 피고 C는 2018. 8~9.경 피고 D로부터 이 사건 4층 건물에서 상시 진료 4인, 수시진료 3인으로 하는 소아과 병원을 운영할 예정이라는 설명을 들었고, 이에 2018. 11.경 이 사건 상가를 임차하여 약국을 운영하려는 원고에게 이 사건 4층 건물 전체가 아산에서 소아과병원을 운영하고 있는 피고 D에게 분양되었고, 위 4층 건물에 상시진료 4인, 수시진료 3인으로 하는 소아과 병원의 입점이 확정되어 이 사건 상가는 약국으로 지정된 상가로 독점적 수익을 얻을 수 있는 자리라는 취지로 설명하였다. 이에 따라 원고와 피고 C는 이 사건 4층 건물에 소아과 병원의 입점을 내용으로 하는 부동산컨설팅수임계약(이하 '이 사건 용역계약'이라 한다)을 체결하였는데, 그 주요 내용은 아래와 같다.

라. 원고들은 피고 C의 선입금 요청에 따라 피고 C에게 2018. 11. 25. 3,000만 원을, 같은 달 26. 2,000만 원을, 같은 달 27. 5,000만 원을 지급하였고, 피고 C는 2018. 11. 30. 피고 D에게 지원금 명목으로 1억 원

을 송금하였다. 원고들은 위와 같이 피고 C와 이 사건 용역계약을 체결하고 용역대금을 모두 지급한 다음, 앞서 본 바와 같이 (이하 생략)

마. 원고들은 2018. 12. 6.경 피고 C와 함께 피고 D를 만났는데, 그 자리에서 원고들이 피고 D에게 이 사건 4층 건물에 입주하는 소아과 병원에 대표원장으로서 병원을 개원하는 것이 맞는지 확인하였는데, 피고 D는 자신이 대표원장으로서 개원을 하는 것이 아니고, Q가 원장직을 수행할 것이라는 취지로 답변하였다.

바. 원고들은 Q가 한의사 자격을 가진 일반의라는 사실을 알고 2018. 12. 10.경 피고 D에게 Q가 한의원을 개원하는 것은 아닌지 물었는데, 피고 D는 Q가 한의원을 개원하는 것은 아니고 일반의로서 가정의학과목을 진료할 것이라는 취지로 답변하였다.

사. 그런데 2019. 4. 15.경 이 사건 건물 4층에 'R'이라는 상호로 병원(이하 '이 사건 병원'이라 한다)을 개원을 하였는데, 일반의인 Q가 이 사건 병원의 대표원장으로 재직하였고, 소아과 전문의인 피고 D는 이 사건 병원에서 주 20시간 이하 수시진료를 해 왔으며, 이 사건 병원에는 주 40시간 이상 근무하는 의사 1명과 피고 D를 포함하여 주 20시간 이하 근무하는 의사 4명으로 구성된 의료진이 진료를 해 왔다.

아. 원고들은 위와 같이 2019. 4.경부터 이 사건 약국을 개설하여 운영해 왔는데, 이 사건 병원에서 발행하는 처방전의 수가 당초 예정한 규모에 미치지 못하여 이 사건 약국의 매출이나 수익이 저조하자 임대인인 K, L에

게 이 사건 임대차계약의 해지를 요청하였고, 이에 따라 2019. 7. 16. K 등과 사이에 원고들이 K 등으로부터 임대차보증금과 권리금을 반환받고 이 사건 임대차계약을 2019. 8. 1. 자로 해지하기로 합의하였고, 이에 따라 2019. 7. 31.까지 이 사건 약국을 폐업하고 K 등에게 이 사건 상가를 반환하였다.

[인정근거] 갑 제1 내지 19호증, 을 제1 내지 7호증의 각 기재, 변론 전체의 취지

2. 피고 C에 대한 주위적 청구

가. 청구 원인에 관한 판단

1) 위 인정사실에 의하면, 이 사건 용역계약은 원고들이 피고 C에게 원고들이 이 사건 상가에서 운영하게 될 약국 영업 활성화를 목적으로 이 사건 건물 4층에 상시진료 4인, 수시진료 3인 규모의 소아과병원을 입점케 하는 용역업무를 위탁하고, 그 업무의 이행이 완료되면 약정된 보수를 지급하도록 약정한 것으로 민법상 유상위임계약에 유사한 계약이라고 봄이 타당하다.

그런데 앞서 본 바와 같이 피고 C가 원고들로부터 용역대금 1억 원을 수령하고도 2019. 4. 15.경 이 사건 건물에 입점한 이 사건 병원은 'R'이라는 상호의 한의원을 겸할 뿐 아니라 소아과 병원으로 분류하기도 어려운데다가, 그 병원 의료진의 구성도 상시진료 1인, 수시진료 4인의 규모에 불과하여 당초 용역계약에서 상정한 의료진의 구성에 현저히 못 미치는 점 등으로 고려하면 피고 C가 이 사건 용역계약에 따른 용역업무의 이행

을 완료하였다고 보기 어렵고, 피고 C가 피고 D에게 1억 원을 지급하였다 하더라도 이와 달리 볼 수는 없으므로, 위와 같은 피고 C의 채무불이행을 이유로 한 원고들의 계약 해제 의사표시에 따라 이 사건 용역계약은 적법하게 해제되었다고 봄이 상당하다.

2) 나아가 계약 해제에 따른 원상회복의 범위에 관하여 살피건대, 앞서 본 바와 같이 원고들과 피고 C는 이 사건 용역계약에서 원고들이 계약의 해제를 요구할 경우 피고 C가 진행한 수임업무에 해당하는 금액과 비용을 보상해 주기로 약정하였는바, 앞서 인정한 사실과 앞서 든 증거들을 종합하여 인정할 수 있는 이 사건 용역계약에 따른 피고 C의 업무 범위와 용역대금의 규모, 피고 C의 구체적인 업무수행 내용, 피고 C가 용역업무 수행을 위하여 지출한 비용 내역 등을 고려하면, 피고 C가 진행한 수임업무의 진행 내지 기성비율은 40% 정도로 봄이 상당하므로, 피고 C가 이 사건 용역계약의 해제에 따른 원상회복으로 원고들에게 반환할 용역대금은 위와 같은 기성비율을 공제한 나머지 60,000,000원(= 100,000,000원 × 60%)이 된다.

나. 피고 C의 주장에 관한 판단

1) 피고 C는 먼저, 약사법 제24조 제2항 제2호는 약국개설자가 직접 또는 제3자를 통하여 의료기관 개설자에게 처방전 알선의 대가로 금전 등의 경제적 이익을 제공하는 행위를 금지하고 있는데, 이 사건 용역계약은 약국개설자인 원고들이 피고 C를 통해 의료기관 개설자인 피고 D에게 의료법 등에서 금지하는 이른바 '리베이트'를 지급하기로 약정한 것인바, 이는 선량한 풍속 기타 사회질서에 위반한 사항을 내용으로 한 것이거나 약

사법위반 범죄를 은닉하기 위한 통정허위표시에 해당하여 무효이고, 그 결과 이 사건 용역계약에 따른 원고들의 급부(금전제공)는 불법원인급여에 해당하여 그 반환을 구할 수 없다는 취지로 주장한다.

살피건대, 앞서 본 사실관계에 비추어 원고들이 이 사건 건물 4층에 소아과병원이 입점케 함으로써 향후 약국 영업에 도움을 받기 위한 목적으로 이 사건 용역계약을 체결하고 그 과정에서 피고 C를 통하여 병원의 입점지원을 위한 명목으로 의료인인 D에게 위 돈이 전달되었다 하더라도, 이러한 사정만으로 원고들이 이 사건 용역계약을 통하여 처방전 알선의 대가로 피고 D에게 경제적 이익을 제공하였다고 볼 수는 없고 달리 이를 인정할 증거가 없으며, 그 밖에 달리 원고들의 이 사건 용역계약 체결 및 그에 따른 금원지급행위가 의료법 등에서 금지하는 행위에 해당하거나 불법적인 리베이트 제공에 해당한다고 볼 자료도 없으므로, 이를 전제로 한 위 주장은 모두 이유 없다.

2) 피고 C는, 이 사건 용역계약은 피고 C를 통하여 피고 D에게 병원지원금 1억 원을 전달하는 것으로 목적으로 한 계약인데, 피고 C가 원고들로부터 이 사건 용역계약에 따라 제공받은 1억 원을 피고 D에게 모두 제공함으로써 피고 C에게 귀속된 바 없으므로, 피고 C가 원상회복한 이익은 존재하지 않는다는 취지로 주장한다.

살피건대, 앞서 본 바와 같이 피고 C가 이 사건 용역계약에 따라 원고들로부터 용역대금으로 1억 원을 지급한 이상, 설사 그 이후 이 사건 용역계약의 수행 과정에서 피고 D에게 1억 원을 지급하는 것이 예정되어 있었다 하더라도 그러한 사정만으로 피고 C가 이 사건 용역계약의 해제에 따른 원상회복의무를 부담하지 아니한다고 볼 수 없고, 위와 같은 원상회복의무가 피고 C에게 현존하는 이익의 범위 내에서만 성립한다고 볼 수도 없으므로, 이와 다른 전제에 선 위 주장은 이유 없다.

다. 소결론

따라서 피고 C는 원고들에게 60,000,000원 및 그중 10,000,000원에 대하여는 2018. 11. 26.부터, 나머지 50,000,000원에 대하여는 2018. 11. 27.부터 각 피고 C가 그 이행의무의 존부 및 범위에 대하여 항쟁함이 상당한 이 판결 선고일인 2022. 12. 15.까지는 민법이 정한 연 5%의, 그다음 날부터 다 갚는 날까지는 소송촉진 등에 관한 특례법이 정한 연 12%의 각 비율로 계산한 돈을 지급할 의무가 있다.

3. 피고들에 대한 예비적 청구

원고들은 피고 C에 대하여 채무불이행에 따라 이 사건 용역계약에 해제됨을 전제로 원상회복에 따른 금원지급을 구하는 주위적 청구를 하고, 피고 C에 대한 채무불이행 책임이 부정되어 주위적 청구가 인용되지 않는 경우에 예비적으로 피고들에 대하여 이 사건 용역계약의 체결 및 금원 지급 과정에서 피고들이 원고들을 기망하였음을 전제로 불법행위에 따른 손해배상금의 지급을 청구하고 있는바, 원고의 피고 C에 대한 채무불이행 책임은 인정하여 주위적 청구를 일부 인용하는 이상 원고의 피고들에 대한 예비적 청구에 대하여는 별도로 판단하지 아니한다(또한 원고들이 제출한 증거들만으로는 피고들이 공동하여 원고들을 기망하여 이 사건 용역계약을 체결하고 용역대금 1억 원을 편취하였다고 인정하기 부족하고, 달리 이를 인정할 증거가 없으므로, 이 점에서도 이 부분 주장은 이유 없다).

4. 결론

그렇다면 원고의 피고 C에 대한 주위적 청구는 위 인정범위 내에서 이유 있으므로 이를 인용하고, 나머지 주위적 청구와 피고들에 대한 예비적 청구는 이유 없으므로 이를 기각하기로 하여 주문과 같이 판결한다.

개국 약사를 위한 판결의 의미와 해석

컨설팅은 소아과의사가 상시진료 4인, 수시진료 3인으로 하는 소아과 병원을 하겠다고 했다면서 약사에게 개국 자리를 알선하고 개국하게 했습니다. 그리고 소아과 의사에게 지원금을 줘야 한다면서 권리금 1억을 요구하였는데 이후 2018년 12월 약사와 컨설팅, 원장 3인이 만나는 자리에서 약사가 원장에게 소아과 병원에 대표원장으로 개원을 하는 게 맞는지 묻자 "아니다. 다른 원장이 와서 진료할 것이다."라고 말했고 이를 다시 확인해 보니 다른 원장은 한의사 자격이 있는 일반의였을 뿐만 아니라 가정의학과 진료를 할 것이라고 한 것입니다. 여기에서 이미 약국의 운명은 결정된 것이나 다름없습니다.

결국 약국은 폐업하고 임대차는 다행히도 임대인과 합의하에 해지되었습니다. 하지만 남은 것은 병원 원장에게 주겠다며 받아 간 지원금 1억이 문제였습니다. 컨설팅은 오히려 리베이트 아니냐 이것은 불법이기에 돌려줄 수 없다는 말까지 하고, 의사에게 갔으니 모른다고 하는 행태를 보입니다. 결국 소송에서 법원의 판결로 1억 중 60%만 돌려받을 수 있게 되었는데 컨설팅의 용역 일부를 인정한 결과입니다.

여기서 살펴봐야 할 것은

첫 번째는 컨설팅이 이야기한 소아과 병원이 개설될 거라는 말의 진실인지의 여부와

두 번째로 의사와 만나는 자리에서 컨설팅이 이야기한 소아과 병원의 개설이 아니라 분명 의사가 한의사가 원장인 병원이 개설될 것이라고 한 것인데 왜? 개국을 했을까? 하는 의문입니다.

과거 제 경우에는 분명 해당 조건의 병원은 안 된다고 거부 의사를 밝혔음에도 불구하고 분양대행업자들이 원하지 않는 형태의 병원의 유치를 강행하는 행태를 보였습니다. 아마도 다른 병원이라도 잘만 되면 된다는 설득이 약사님이 이 사건 약국을 개국하게 하는 요인이 되지 않았을까? 하는 생각이 들기도 합니다. 한편으로는 소아과가 진료를 하기 때문에 문제없을 거라고 이야기했을 수도 있습니다.

이 판결에서 소아과 병원의 운영문제가 붉어진 것은 아니지만 이전에 경험을 비추어 보면 소아과 병원의 개설은 아니지만 소아과가 운영되었다는 점을 판사들은 아예 운영되지 않았다는 것과는 다른 것으로 본다는 점입니다. 소아과 의사가 20시간 이하의 진료를 보는 것과 자기 이름을 걸고 운영하는 것과는 천지 차이이기 때문에 결코 같은 것으로 볼 수 없는 일로 약사로서는 억울하기 짝이 없는 일이지만 어찌 된 일인지 이러한 차이에 대한 실제 상황은 제대로 반영되지 않는 게 현실인 것 같습니다.

그리고 컨설팅 비용 1억 중 6천만 원밖에 돌려받지 못한 것도 계약의 성취가 잘못되었는데 왜 4천만 원의 경비를 인정해 줘야 하는 것인지 상당히 억울할 일입니다. 약국을 개설하기 위해서 들어간 수천만 원의 인테리어를 포함한 개설 비용은 누구에게 받아야 한단 말인지 이해하기 어렵습니다.

이런 피해를 보지 않기 위해서는 누차 이야기한 계약의 구체화입니다. 계약 시 체크해야 할 사항들에 대해서 살펴보겠습니다.

1. 컨설팅 계약 시

- 소아과 병원의 개설이 안 되는 경우 지원금 100% 환불한다.

이번 사건에서도 컨설팅이 받았기에 컨설팅이 책임지는 것으로 해야 합니다. 소아과의사에게 받아서 돌려주겠다는 안 됩니다. 만약 의사에게 전달했다고 한다면 직접 의사 통장으로 지급하고 의사가 다시 돌려주도록 해야 합니다. 중간에 컨설팅과 의사 둘 간에 어떤 계약이 있는지 모르기 때문입니다. 반드시 책임질 한 사람을 특정하는 것이 좋습니다.

- 컨설팅 비용이 별도라면 마찬가지 계약 내용이 다른 경우 컨설팅 비용은 100% 환불한다.
- 임대차계약 실패 시 전액 환불한다.

2. 임대차계약 시

- 소아과 병원이 운영 안 되는 경우, 휴업(휴업의 기간 구체적으로 작성), 폐업 시 계약 해지
- 소아과 병원이 원래의 계약과 다른 경우 즉, 한의사에 의한 일반 병원의 개원, 상시 진료 의사 수, 전문의 수 등 최초 계약의 조건의 성실한 이행여부

위 사건에서는 임대차계약이 잘 해지된 것으로 보입니다. 특약 작성이 잘되어 있었을 것으로 생각됩니다. 만약, 임대인이 병원의 입점이 맞다고 우기는 경우 소송으로 가야 하기 때문에 명확한 해지 사유를 구체적으로 작성하기 바랍니다.

10. 임대인이 수차례 바뀐 상가 '병원 미입점'의 책임? 계약 해지, 보증금 반환의 책임은 누구에게 있나? 복잡한 소송의 결말은?

인천지방법원 2023. 8. 8. 선고 2022가단201975 판결 [임대차보증금]

사건 요약

1. 사건의 개요

이 사건은 원고(A)가 자신이 임차했던 두 개의 상가 호실(제1 부동산, 제2 부동산)에 대해 임대차보증금을 반환받기 위해 여러 피고(원래 임대인인 주식회사 B, 제1 부동산의 현재 소유자인 C, D, 제2 부동산의 전 소유자인 E, 현재 소유자인 F)를 상대로 제기한 소송입니다. 원고는 임대차계약이 무효, 취소 또는 해지되었음을 주장하며 지급했던 보증금의 반환을 청구했습니다.

법원은 원고가 원래 임대인인 피고 주식회사 B와 제2 부동산의 전 소유자인 피고 E에게 청구한 주위적 청구 및 제2 예비적 청구(일부)를 모두 기각했습니다. 또한, 원고의 제1 예비적 청구(차임 감액 청구) 부분은 소송 요건을 갖추지 못했다고 보아 각하했습니다. 다만, 제1 부동산의 현재 소유자인 피고 C, D와 제2 부동산의 현재 소유자인 피고 F에게 청구한 제2 예비적 청구 중 일부를 인용하여, 피고 C, D는 공동으로 8,361,334원을, 피고 F는 10,728,000원을 원고에게 지급하라고 판결했습니다. 나머지 제2 예비적 청구는 기각되었습니다.

2. 사건의 쟁점

가. 임대인 지위의 이전 여부: 부동산 소유권이 변경되었을 때, 원래 임대인이었던 피고 주식회사 B가 여전히 임대인 지위를 유지하는지, 아니면 소유권을 취득한 새로운 소유자들에게 임대인의 지위가 이전되는지 여부가 중요한 쟁점이었습니다.

나. 임대차계약의 무효, 취소, 해지 주장 인용 여부: 원고는 이 사건 건물에 병원이 입점하지 않은 것을 이유로 임대차계약이 정지조건 불성취로 무효이거나, 착오로 취소되거나, 사정 변경으로 해지되었다고 주장하며 보증금 반환을 청구했습니다.

다. 병존적 채무인수 주장 인용 여부: 원고는 새로운 소유자들이 부동산 매수 시 임대차보증금 상당액을 공제하고 매매대금을 지급했으므로, 원래 임대인인 피고 회사의 보증금 반환 채무를 병존적으로 인수했다고 주장했습니다.

라. 차임 감액 청구의 적법성: 원고는 제1 예비적 청구로 차임 감액을 청구했습니다.

마. 임대차계약 중 임대 목적물의 소유권이 변경되었을 때 임대인의 지위 승계 문제, 임차인이 기대했던 조건(병원 입점)이 충족되지 않았을 경우 계약의 효력 및 보증금 반환 책임 문제, 그리고 이러한 경우 누구에게 얼마를 청구할 수 있는지가 쟁점입니다.

판결 원문

사건
2022가단201975 임대차보증금

원고
A

피고
1. 주식회사 B
2. C
3. D
4. E
5. F

변론 종결
2023. 5. 30.

판결 선고
2023. 8. 8.

주문
1. 원고의 주위적 청구를 모두 기각한다.

2. 이 사건 소 중 원고의 제1 예비적 청구 부분을 각하한다.
3. 원고에게,
   가. 피고 C, D는 공동하여 8,361,334원 [중략] 지급하고,
   나. 피고 F는 10,728,000원 [중략] 지급하라.
4. 원고의 피고 C, D, F에 대한 나머지 제2 예비적 청구를 모두 기각한다.
5. 소송비용 중 원고와 피고 주식회사 B, E 사이에 생긴 부분은 원고가 부담하고, 원고와 피고 C, D 사이에 생긴 부분의 9/10는 원고가, 나머지는 위 피고들이 각 부담하며, 원고와 피고 F 사이에 생긴 부분의 5/6는 원고가, 나머지는 피고 F가 각 부담한다.
6. 제3항은 가집행할 수 있다.

청구 취지

주위적으로, 원고에게, 피고 주식회사 B(이하 '피고 회사'라 한다)는 150,000,000원 [중략] 지급하고, 피고 C, D는 피고 회사와 공동하여 위 돈 중 82,500,000원 [중략] 지급하고, 피고 E, F는 피고 회사와 공동하여 위 돈 중 67,500,000원 [중략] 지급하라.

제1 예비적으로, 피고 C, D는 하남시 H 건물(이하 '이 사건 건물'이고 한다) 제1층 I호(이하 '제1 부동산'이라 한다)와 관련하여 원고와 체결한 임대차계약에 기한 차임을 2021. 10. 24.부터 월 2,000,000원으로 감액하고, 피고 F는 이 사건 건물 제1층 J호(이하 '제2 부동산'이라 한다)와 관련하여 원고와 체결한 임대차계약에 기한 차임을 2021. 10. 24.부터 월 2,000,000원으로 감액하라.

제2 예비적으로, 원고에게, 피고 C, D는 공동하여 8,361,334원 [중략] 지

급하고, 피고 F는 10,728,000원 [중략] 지급하라.

이유

1. 기초 사실

가. 원고는 2020. 7. 14. 피고 회사에게서 제1 부동산을 임대차기간 2020. 7. 21.부터 2025. 7. 20.까지, 임대차보증금 110,000,000원, 차임 월 4,790,000원(부가가치세 별도)으로 정하여 임차하고(이하 '제1 임대차계약'이라 한다), 제2 부동산을 임대차기간 2020. 7. 21.부터 2025. 7. 20.까지, 임대차보증금 90,000,000원, 차임 월 3,960,000원(부가가치세 별도)으로 정하여 임차하였다(이하 '제2 임대차계약'이라 한다).

나. 원고는 제1 임대차계약 체결 후 임대차보증금 중 82,500,000원을, 제2 임대차계약 체결 후 임대차보증금 중 67,500,000원을 각 피고 회사에 지급하였다.

다. 피고 회사는 2020. 7. 15. K, 피고 C에게 제1 부동산의 각 1/2 지분을 매도하였고, 2020. 8. 3. 제1 부동산 중 각 1/2 지분에 관하여 K, 피고 C 앞으로 각 2020. 7. 15. 매매를 원인으로 한 소유권이전등기가 마쳐졌다. 이후 K가 사망하여 제1 부동산 중 K가 소유하던 1/2 지분에 관하여 2020. 12. 15. 피고 D 앞으로 2020. 10. 17. 협의분할에 의한 상속을 원인으로 한 소유권이전등기가 마쳐졌다.

라. 피고 회사는 2020. 7. 31. 제2 부동산을 피고 E에게 매도하였고, 제2 부

동산에 관하여 2020. 8. 19. 피고 E 앞으로 2020. 7. 31. 매매를 원인으로 한 소유권이전등기가 마쳐졌다. 이후 피고 E는 피고 F에게 제2 부동산을 매도하였고, 제2 부동산에 관하여 2021. 6. 16. 피고 F 앞으로 2021. 6. 15. 매매를 원인으로 한 소유권이전등기가 마쳐졌다.

[인정 근거] 다툼 없는 사실, 갑 제4 내지 7호증의 각 기재, 변론 전체의 취지

2. 주위적 청구에 관한 판단

가. 원고의 주장 요지

1) 피고 회사에 대한 주장

원고가 제1, 2 임대차계약의 임차인으로 대항력을 갖추지 못하였으므로 제1, 2 부동산의 소유권 변동과 관계없이 피고 회사는 여전히 위 각 임대차계약의 임대인이다. 원고는 이 사건 건물 다른 층에 병원이 입점하는 것을 정지조건으로 제1, 2 임대차계약을 체결하였는데, 위 건물에 병원이 입점하지 아니하였으므로 위 각 임대차계약은 무효이다. 설령 제1, 2 임대차계약이 정지조건부 계약이 아니더라도, 원고와 피고 회사는 위 각 임대차계약 체결 시 이 사건 건물에 병원이 입점할 것이라고 공통으로 착오하였고, 이는 동기의 착오로 중요한 부분에 관한 것이므로, 원고는 착오를 이유로 위 각 임대차계약을 취소한다. 설령 제1, 2 임대차계약의 취소가 인정되지 않는다고 하더라도, 이 사건 건물에 병원이 입점한다는 것은 위 각 임대차계약의 기초가 되는 객관적인 사정인데, 위 건물에 병원이 입점하지 아니한다는 사정 변경이 발생하였는바, 원고는 이를 이유로 각 임대차계약을 해지한다. 따라서 제1, 2 임대차계약의 임대인인 피고 회사는 임차인인 원고에게, 각 임대차

계약의 무효 또는 취소 또는 해지에 따라 이미 지급받은 임대차보증금 합계 150,000,000원(= 제1 임대차계약의 임대차보증금 82,500,000원 + 제2 임대차계약의 임대차보증금 67,500,000원)을 반환하여야 한다.

2) 피고 C, D, E, F에 대한 병존적 채무인수 주장

　제1, 2 임대차계약의 임대인은 여전히 피고 회사지만, 피고 C, D는 피고 회사로부터 제1 부동산을 매수할 때 매매대금에서 원고가 피고 회사에 지급한 임대차보증금 상당액을 공제한 잔액만을 피고 회사에게 지급하였을 것으로 추정되고, 피고 E는 피고 회사로부터 제2 부동산을 매수할 때 매매대금에서 원고가 피고 회사에 지급한 임대차보증금 상당액을 공제한 잔액만을 피고 회사에게 지급하였을 것으로 추정되며, 피고 F는 피고 E로부터 제2 부동산을 매수할 때 매매대금에서 원고가 피고 회사에 지급한 임대차보증금 상당액을 공제한 잔액만을 피고 E에게 지급하였을 것으로 추정된다. 이로써 피고 C, D는 피고 회사의 원고에 대한 제1 부동산에 관한 임대차보증금 82,500,000원의 반환채무를, 피고 E, F는 피고 회사의 원고에 대한 제2 부동산에 관한 임대차보증금 67,500,000원의 반환채무를 각 병존적으로 인수하였으므로, 원고에게, 피고 C, D는 피고 회사와 연대하여 임대차보증금 82,500,000원을, 피고 E, F는 피고 회사와 연대하여 임대차보증금 67,500,000원을 각 반환하여야 한다.

3) 피고 C, D, F에 대한 임대차보증금 반환 주장

　제1, 2 임대차계약의 임대인 지위가 각 부동산 매도로 이전되었을 경우, 위 각 임대차계약은 위와 같이 각 정지조건의 불성취로 무효이거나, 착오를 이유로 취소되거나, 사정변경으로 해지되었으므로, 원고에게, 제1 부동산 소

유자로서 제1 임대차계약의 임대인인 피고 C, D는 공동하여, 원고가 위 임대차계약에 따라 지급한 임대차보증금 82,500,000원을 반환하여야 하고, 제2 부동산 소유자로서 제2 임대차계약의 임대인인 피고 F는 원고가 위 임대차계약에 따라 지급한 임대차보증금 67,500,000원을 반환하여야 한다.

나. 피고 회사에 대한 청구

먼저 제1, 2 부동산 소유권 이전에도 불구하고 여전히 피고 회사가 제1, 2 임대차계약의 임대인 지위에 있는지를 본다.

앞서 든 각 증거에 변론 전체의 취지를 종합하면, 피고 회사는 이 사건 건물의 분양 시행사로 제1, 2 부동산을 포함한 위 건물 각 호실을 모두 분양할 목적으로 영업활동을 한 사실, 제1, 2 임대차계약의 특약사항에 각 "현 호실은 분양 중에 있으므로 동일조건으로 수분양주에게 인수됨을 임차인은 인지하고 동의한다."라고 기재된 사실을 인정할 수 있다.

위 인정 사실에 따르면, 제1, 2 임대차계약 시 당사자인 원고와 피고 회사는 이후 제1, 2 부동산이 분양될 경우 임대인의 지위가 피고 회사에서 수분양자에게 이전될 것에 합의하였으므로, 피고 회사가 위 각 부동산을 매도함으로써 위 각 임대차계약의 임대인 지위는 임차인 원고가 상가건물임대차보호법상 대항력을 취득하였는지 여부에 관계없이 각 부동산의 매수인들에게로 이전되었다고 봄이 타당하다

이와 다른 전제에 선 원고의 피고 회사에 대한 주위적 청구는 받아들이지 않는다.

다. 피고 C, D, E, F에 대한 병존적 채무인수 관련 청구

원고의 이 부분 주장은 피고 회사가 제1, 2 부동산의 소유권 이전에도 불구하고 제1, 2 임대차계약의 임대인 지위에 있다는 것을 전제로 하는데, 이와 달리 피고 회사가 위 각 부동산의 소유권 이전으로 위 각 부동산의 임대인 지위를 상실하였음은 앞서 본 바와 같으므로, 이와 다른 전제에 선 원고의 이 부분 주장은 받아들일 수 없다.

라. 피고 C, D, F에 대한 임대차보증금 반환 청구

1) 위 인정사실에 따르면, 이 사건 변론 종결일 현재 제1 임대차계약의 임대인은 피고 C, D이고, 제2 임대차계약의 임대인은 피고 F이다.

2) 먼저 제1, 2 임대차계약이 정지조건 불성취로 무효인지 여부를 본다. 앞서 든 각 증거와 갑 제1호증의 기재에 변론 전체의 취지를 종합하면, 원고가 2020. 7. 14. L과, 원고가 L에게 150,000,000원을 권리금 명목으로 지급하고, L이 원고에게 제1, 2 부동산 임차권과 위 각 부동산에 관한 약국 영업권을 양도하며, L이 이 사건 건물에 의원을 개원하여 운영하되 의원에서 발행하는 처방전이 원고가 운영하는 약국에게서 사용되도록 보장하는 내용의 '시설 및 영업 권리양도 계약'을 체결한 사실, 제1, 2 임대차계약에서 각 임대차계약의 목적을 약국 운영으로 특정한 사실을 인정할 수 있다. 그러나 제출된 증거만으로는 제1, 2 임대차계약이 이 사건 건물에 병원이 개원할 것을 정지조건으로 하여 체결되었다는 점을 인정하기에 부족하고, 달리 이를 인정할 증거가 없다. 제1, 2 임대차계약이 무효임을 전제로 한 원고의 주장은 받아들이지 않는다.

3) 다음으로 제1, 2 임대차계약이 착오로 취소되었는지 여부를 본다.

의사표시는 법률행위의 내용의 중요 부분에 착오가 있는 때에는 취소할 수 있고, 의사표시의 동기에 착오가 있는 경우에는 당사자 사이에 그 동기를 의사표시의 내용으로 삼았을 때에 한하여 의사표시의 내용의 착오가 되어 취소할 수 있는 것이며, 법률행위의 중요 부분의 착오라 함은 표의자가 그러한 착오가 없었더라면 그 의사표시를 하지 않으리라고 생각될 정도로 중요한 것이어야 하고 보통 일반인도 표의자의 처지에 섰더라면 그러한 의사표시를 하지 않았으리라고 생각될 정도로 중요한 것이어야 한다(대법원 1999. 4. 23. 선고 98다45546 판결).

이 사건에 관하여 보건대, 원고가 이 사건 건물에 병원이 입점하리라는 기대에서 제1, 2 임대차계약을 체결한 사실은 앞서 본 바와 같으나, 제출된 증거만으로는 위 각 임대차계약 체결 시 원고와 피고 회사가 위 건물에 병원이 입점한다는 것을 의사표시의 내용으로 삼았다고 인정하기에 부족하고, 달리 이를 인정할 증거가 없다(오히려 앞서 든 증거에 의하면, 원고와 L은 위 시설 및 영업 권리양도 계약에서 위 계약과 제1, 2 부동산에 관한 임대차계약은 별도의 계약으로 하며, 시설 및 영업 권리양도 계약의 내용은 비밀로 하기로 약정한 사실을 인정할 수 있다). 나아가 제출된 증거만으로는 원고가 주장하는 병원 입점에 관한 착오가 법률행위의 중요 부분의 착오에 해당한다고 보기 어렵고, 달리 이를 인정할 증거가 없다. 이와 다른 전제에 선 원고의 이 부분 주장은 받아들이지 않는다.

4) 다음으로 제1, 2 임대차계약이 사정변경으로 해지되었는지 여부를 본다.

사정변경을 이유로 한 계약 해제는 계약 성립 당시 당사자가 예견할 수 없었던 현저한 사정의 변경이 발생하였고 그러한 사정의 변경이 해제권을 취득하는 당사자에게 책임 없는 사유로 생긴 것으로서, 계약 내용대로의 구속력을 인정한다면 신의칙에 현저히 반하는 결과가 생기는 경우에

계약준수 원칙의 예외로서 인정된다. 그리고 여기서의 변경된 사정이라 함은 계약의 기초가 되었던 객관적인 사정으로서, 일방 당사자의 주관적 또는 개인적인 사정을 의미하는 것은 아니다. 따라서 계약의 성립에 기초가 되지 아니한 사정이 그 후 변경되어 일방 당사자가 계약 당시 의도한 계약 목적을 달성할 수 없게 됨으로써 손해를 입게 되었다 하더라도 특별한 사정이 없는 한 그 계약 내용의 효력을 그대로 유지하는 것이 신의칙에 반한다고 볼 수 없다. 이러한 법리는 계속적 계약관계에서 사정변경을 이유로 계약의 해지를 주장하는 경우에도 마찬가지로 적용된다(대법원 2013. 9. 26. 선고 2012다13637 전원합의체 판결).

앞서 든 증거와 변론 전체의 취지에 의하여 인정되는 원고와 L의 약정 내용, 제1, 2 임대차계약의 체결 경위, 이 사건 건물에 병원이 입점하지 않게 된 경위 등을 고려하면, 위 건물에 병원이 입점하지 않은 것을 두고 위 각 임대차계약 성립 당시 당사자가 예견할 수 없었던 현저한 사정의 변경이 발생하였다거나 위 각 계약 내용대로의 구속력을 인정한다면 신의칙에 현저히 반하는 결과가 발생한다고 볼 수 없다. 원고의 이 부분 주장은 받아들이지 않는다.

3. 제1 예비적 청구에 관한 판단

가. 원고의 주장 요지

제1, 2 임대차계약 체결 후 이 사건 건물에 병원이 입점하지 않게 되었는바, 이는 민법 제628조가 정한 '경제사정의 변동으로 약정한 차임이 상당하지 아니하게 된 때'에 해당하므로, 제1 임대차계약의 임대인인 피고 C, D는 위 임대차계약의 차임을 월 2,000,000원으로, 제2 임대차계약의 임대인인 피고 F는 위 임대차계약의 차임을 월 2,000,000원으로 각 감액하여야 한다.

나. 판단

원고의 차임감액청구는 실질적으로 형성의 소에 해당하는데 형성의 소는 법률에 특별한 근거규정이 있는 경우에만 제기할 수 있고, 민법 제628조의 차임감액청구권은 그 성질이 사법상의 형성권에 속하는 것으로서 법원에 대하여 직접 형성판결을 구할 수 있는 권리가 아니다(대법원 1969. 4. 29. 선고 68다1884, 1885 판결 등 참조).

원고의 차임감액청구를 임대인인 피고 C, D, F가 차임을 감액할 의무가 있다는 취지의 이행의 소로 보더라도, 민법이 정한 차임감액청구권은 형성권으로 감액청구의 의사표시가 상대방에게 도달한 때부터 임대인의 승낙 여부와 관계없이 장래의 차임이 객관적으로 상당한 범위로 당연히 감액되고, 차임의 감액에 임대인의 어떠한 이행행위를 필요로 하는 것은 아니므로, 원고가 피고를 상대로 정당한 차임액 이상의 차임채무가 존재하지 아니함의 확인을 구하는 것은 별론으로 하더라도 임대인인 피고를 상대로 직접 차임의 감액을 구할 이익이 있다고 볼 수 없다.

따라서 원고의 이 부분 청구는 어느 모로 보나 부적법하다.

4. 제2 예비적 청구에 관한 판단

가. 피고 C, D에 관한 청구

제1 임대차계약이 2022. 1. 6.경 원고와 피고 C, D의 합의로 해지된 사실, 원고가 2022. 1. 6.경 제1 부동산의 원상복구를 완료하고 위 부동산을 피고 C, D에게 인도한 사실, 제1 임대차계약에 관한 2022. 1. 6.까지의 미

지급 차임이 74,138,666원인 사실은 당사자 사이에 다툼이 없다.

따라서 피고 C, D는 공동하여 원고에게, 미지급 차임을 공제한 나머지 임대차보증금 8,361,334원(= 82,500,000원 - 74,138,666원) 및 이에 대하여 제1 부동산 인도 다음 날인 2023. 1. 7.부터 원고가 제2 예비적 청구를 추가하여 청구 취지를 변경한 이 사건 제5회 변론기일인 2023. 5. 30.까지는 민법이 정한 연 5%의, 그다음 날부터 다 갚는 날까지는 소송촉진 등에 관한 특례법이 정한 연 12%의 각 비율로 계산한 지연손해금을 지급할 의무가 있다(위 범위를 초과하는 원고의 지연손해금청구는 기각한다).

나. 피고 F에 관한 청구

1) 원고의 주장 요지

원고는, 제2 임대차계약은 2021. 11. 24. 원고와 피고 F의 합의로 해지되었고, 같은 날 원고가 제2 부동산의 원상복구를 완료하고 위 부동산을 피고 F에게 인도하였으며, 원고가 2021. 6. 15. 당시 제2 부동산 소유자이자 임대인인 피고 E에게 제2 임대차계약의 차임 감액을 요구하였으므로, 같은 날부터 위 임대차계약의 차임은 월 2,601,000원이 되어, 피고 F는 원고에게, 원고가 지급한 임대차보증금 67,500,000원에서 미지급 차임 합계 56,772,000원(= ① 2020. 7. 21.부터 2021. 6. 14.까지 월 3,960,000원의 비율로 계산한 차임 합계 42,900,000원 + ② 2021. 6. 15.부터 2021. 11. 24.까지 월 2,601,000원의 비율로 계산한 차임 합계 13,872,000원)을 공제한 10,728,000원과 이에 대한 지연손해금을 지급하여야 한다고 주장한다.

2) 피고 F의 공제 관련 주장

이에 대하여 피고 F는, 제2 임대차계약에서 정한 차임은 부가가치세를 포함하면 월 4,356,000원이고, 원고는 위 임대차계약 체결 후 차임을 한 번도 지급하지 않았는바, 피고 F가 받은 임대차보증금에서 2020. 11. 21.부터 이 사건 변론 종결일에 가까운 2023. 5. 20.까지의 차임 상당액을 공제하면 피고에게 반환할 임대차보증금이 없다는 취지로 주장한다.

3) 판단

갑 제14호증의 기재에 변론 전체의 취지를 종합하면, 제2 임대차계약은 2021. 11. 24.경 원고와 피고 F의 합의로 해지되었고, 같은 날 원고가 제2 부동산의 원상복구를 완료하고 위 부동산을 피고 F에게 인도한 사실을 인정할 수 있다.

한편 제2 임대차계약에서 차임을 월 3,960,000원(부가가치세 별도)으로 정한 사실은 앞서 본 바와 같으므로, 원고가 임대인에게 지급할 차임은 부가가치세를 합하면 월 4,356,000원(= 3,960,000원 × 110%)이 된다.

나아가 2021. 6. 15. 원고의 차임감액청구로 제2 임대차계약의 차임이 감액되었는지 여부를 보건대, 임대물에 대한 공과부담의 증감 기타 경제사정의 변동으로 약정한 차임이 상당하지 아니하게 된 때에는 당사자는 장래에 대한 차임의 증감을 청구할 수 있으나(민법 제628조), 이 사건 건물에 병원이 입점하지 않게 된 것이 위 조항이 정한 경제사정의 변동에 해당한다고 보기 어려우므로, 이와 다른 전제에 선 원고의 주장은 받아들일 수 없다.

결국 제2 임대차계약에 관한 원고의 미지급 차임은 위 2021. 11. 24. 기준으로 52,852,800원(= 피고 F가 주장하는 바에 따라 2020. 11. 21.부터 2021. 11. 20.까지 12개월분 차임 52,272,000원 + 2021. 11. 21.부터 2021. 11. 24.까지 4일분 차임 580,800원)으로 원고가 공제를 자인하는 미지급 차임 56,772,000원에 미치지 못하므로, 피고 F는 원고에게, 미지급 차임을 공제한 나머지 임대차보증금 10,728,000원(= 67,500,000원 - 56,772,000원) 및 이에 대하여 제2 부동산 인도 다음 날인 2021. 11. 25.부터 원고가 제2 예비적 청구를 추가하여 청구 취지를 변경한 이 사건 제5회 변론기일인 2023. 5. 30.까지는 위 연 5%의, 그다음 날부터 다 갚는 날까지는 위 연 12%의 각 비율로 계산한 지연손해금을 지급할 의무가 있다(위 범위를 초과하는 원고의 지연손해금청구는 기각한다).

5. 결론

원고의 피고들에 대한 주위적 청구를 모두 기각하고, 이 사건 소 중 피고 C, D, F에 대한 제1 예비적 청구(차임감액청구) 부분을 각하하고, 원고의 피고 C, D, F에 대한 제2 예비적 청구를 일부 인용하고, 나머지 청구를 모두 기각한다.

개국 약사를 위한 판결의 의미와 해석

사건을 살펴보면 원고 약사가 2개의 상가를 최초 분양회사로부터 임차를 했는데 현재 이 상가들은 각각 다른 사람들에게로 분양이 되었고 임대차는 승계가 되었습니다. 그런데 문제는 병원이 입점되지 않은 것입니다. 사실 이것으로만 본다면 병원의 입점이 되지 않았으므로 임대차계약이 해지되고 보증금을 전부 반환해야 하지만 판결은 그렇지가 않았습니다. 원고의 주장을 기각한 것입니다.

원고의 주장은 다음과 같습니다.

1. 피고 회사가 여전히 임대인이라는 주장:

원고는 임차인으로서 대항력을 갖추지 못했으므로, 건물의 소유권 변동과 관계없이 피고 회사가 여전히 임대인이라는 주장입니다.

2. 계약의 무효 주장(정지조건 미성취):

원고는 건물에 병원이 입점하는 것을 정지조건으로 임대차계약을 체결했는데, 병원이 입점하지 않았으므로 계약이 무효라고 주장합니다.
- 정지조건이란 법률행위의 효력이 발생하기 전에 먼저 발생해야 하는 불확실한 사실을 말합니다. 즉, 조건이 성취되면 법률행위의 효력이 발생한다는 의미입니다.

3. 계약의 취소 주장(동기의 착오):

설령 정지조건부 계약이 아니더라도, 원고와 피고 회사는 계약 체결 시 건물에 병원이 입점할 것이라고 공통으로 착오했고, 이는 동기의 착오로 중요한 부분에 관한 것이므로 계약을 취소한다고 주장합니다.

4. 계약의 해지 주장(사정 변경):

설령 계약 취소가 인정되지 않더라도, 건물에 병원이 입점한다는 것은 계약의 기초가 되는 객관적인 사정인데, 병원이 입점하지 않는다는 사정 변경이 발생했으므로 계약을 해지한다고 주장합니다.

5. 보증금 반환 청구:

위와 같은 이유로 계약이 무효, 취소, 또는 해지되었으므로, 피고 회사는 원고에게 이미 지급받은 임대차보증금 1억 5천만 원을 반환해야 한다고 주장하고 있습니다.

하지만 위 모든 항목에 대해서 법원은 인정할 수 없다고 판결하였습니다. 이유는 원고의 주장과는 다른 곳에 있었습니다.

사실 원고인 약사는 의사가 잡아 놓은 상가를 인수하면서 1억 5천만 원 상당의 병원, 약국 운영에 관한 권리계약을 작성한 것입니다. 보통은 병원은 병원 자리만 임차하고 이를 이용하여 권리금이나 지원금을 받는 방식으로 하는데 이 사건은 조금 다른 경우로 보입니다. 의사가 먼저 임차를 한 후 그 상가를 권리금을 받고 양도하는 방식으로 지원금을 챙긴 것입니다. 흔하지 않은 방식으로 과연 L이 의사가 맞는지도 의심스럽기는 합니다. (혹시 이런 계약을 한다면 의사인지 확인을 꼭 하셔야 합니다.)

의사가 먼저 상가를 임차하였기에 당연 약사는 병원의 입점 여부에 대해서 고민을 할 필요가 없었던 것이고 임대인과도 별도의 특약인 '병원 입점에 관한 특약'을 임대계약서상에 작성할 필요가 없었던 것입니다. 그런데 당연히 개원하겠다던 의사가 입점을 안 한 것입니다.

앞서 살핀 여러 사건들처럼 분양회사가 병원 유치의 책임이 있다면 병원 입점이 안됐을 경우를 대비한 임대차계약 해지 조건을 작성했을 것인데 이 조항이 없습니다. 원고 약사는 분양사, 현임대인들을 상대로 소송을 진행해 보지만 현실성은 없는 소송이었습니다. 결과적으로 원고는 패소하면서 의사에게 준 권리금, 그리고 임대료 모두를 지급해야 하는 상황이 되었습니다. 임대인 측에서도 보면 사실 상당히 불쾌하고 당황스러운 일일 것입니다. 왜? 임차인끼리 작성한 권리계약을 가지고 소송까지 한 거야? 하고 말입니다.

개인적인 상황 판단으로 원고 약사는 임대인들과 소송을 할 것이 아닌 의사 L과의 소송을 해야 하는 것이 아닌가 생각해 봅니다. 의사만 믿고 진행된 임대차계약으로 임대료와 권리금을 모두 잃게 되었기 때문입니다. 이런 일이 우리에게도 일어나지 않으리란 법이 없습니다. 의사에 대한 무한 신뢰는 자칫 이런 생각지도 못한 손실로 이어질 수 있습니다. (재정적인 문제가 많은 의사들이 허위 개원을 빌미로 사기 행위를 벌이는 경우가 많습니다.) 그래서 항상 강조하는 것은 누구와 계약을 하더라고 불이행 시 책임을 짓는 내용을 특약으로 작성해야 한다는 것입니다.

"병원의 운영, 개원을 안 할 경우 권리금 반환과 손해배상을 한다." 아마도 이런 조항 없이 의사와 권리 계약을 체결하였기에 의사는 개원의 책임이 없음을 알고 먹튀하였을지도 모릅니다. 또한 임대인과 계약연장이나 새로운 임대차계약 시에 "병원의 입점이 되지 않는다면 계약의 해지할 수 있다."라는 특약의 작성으로 출구전략을 꼭 마련해 놓기 바랍니다.

11. 병원의 이전 따라 약국도 이전, 2층 병원 나가자 벌어진 일… 당연한 임대차 해지인가? 임대료 연체인가? 1층 약국 상가 임대차 '해지 전쟁' 발발!

서울중앙지방법원 2023. 10. 13. 선고 2021가합555282(본소), 2023가합 74909(반소) 판결 [임대차보증금, 부동산인도 청구의 소]

사건 요약

1. 사건 개요

이 사건은 원고(임차인)들이 피고(임대인)를 상대로 임대차계약 해지에 따른 임대차보증금 반환을 청구한 본소와, 피고가 원고들을 상대로 부동산 인도 및 연체 차임 등을 공제한 나머지 보증금의 지급을 구하는 반소가 병합된 사건입니다. 원고들은 임대차기간 중 건물 2층의 병원이 이전했음을 이유로 계약 해지를 주장하며 보증금 2억 3천만 원의 반환을 요구한 반면, 피고는 원고들의 임대료 연체를 이유로 계약 해지를 주장하며 부동산 인도를 구하면서 연체된 임대료를 보증금에서 공제해야 한다고 맞섰습니다.

2. 사건의 쟁점

이 사건 건물의 2층에는 'G' 병원이 운영되고 있었고, 원고들은 보증금 2억 3천만 원에 임대차계약을 체결하고, 이전 약사인 F에게 시설권리금 1억 7천만 원을 지급하고 약국을 인수하여 운영했습니다. 그런데 건물 2층에 있던 G 병원이 다른 건물로 이전하자 원고들도 병원 건물로 이전했습니다. 그리고 원래 있던 상가의 임대료는 연체하기 시작했습니다.

주요 쟁점

임대차계약의 해지 여부 및 시점

가. 원고들은 임대차계약 체결 당시 '병원 이전 시 즉시 계약 해지' 특약이 있었고, 병원이 이전했으므로 이 특약에 따라 계약이 해지되었다고 주장했습니다.

나. 원고들은 설령 특약이 없었다 하더라도, 임대차계약의 기초가 된 '건물 내 병원 존재'라는 사정이 현저히 변경되었으므로 사정변경을 이유로 계약을 해지할 수 있다고 주장했습니다.

다. 한편, 피고는 원고들이 3기 이상의 차임을 연체했으므로 이를 이유로 계약을 해지한다고 주장했습니다.

판결 원문

사건

2021가합555282(본소) 임대차보증금

2023가합74909(반소) 부동산인도 청구의 소

원고(반소피고)

1. A

2. B

피고(반소원고)

C

변론 종결

2023. 9. 8.

판결 선고

2023. 10. 13.

주문

1. 피고(반소원고)는 원고(반소피고)들로부터 별지 목록 기재 부동산을 인도받음과 동시에 원고(반소피고)들에게 84,071,731원을 지급하라.

2. 원고(반소피고)들의 나머지 본소청구 및 피고(반소원고)의 반소청구를 각

기각한다.

3. 소송비용 중 본소로 인한 부분의 65%는 원고(반소피고)들이, 나머지는 피고(반소원고)가 각 부담하고, 반소로 인한 부분은 피고(반소원고)가 부담한다.
4. 제1항은 가집행할 수 있다.

청구 취지

[본소] 피고(반소원고, 이하 피고라고만 한다)는 원고(반소원고, 이하 원고라고만 한다)들로부터 별지 목록 기재 부동산을 인도받음과 동시에 원고들에게 230,000,000원을 지급하라.

[반소] 원고들은 피고로부터 230,000,000원에서 2021. 8. 5.부터 별지 목록 기재 부동산의 인도일까지 월 8,800,000원의 비율로 계산한 돈과 5,672,552원을 공제한 나머지 돈을 지급받음과 동시에 피고에게 위 부동산을 인도하라.

이유

본소와 반소를 함께 본다.

1. 기초 사실

가. 이 사건 부동산의 현황 등

1) 피고는 2015. 11. 3. 별지 목록 기재 부동산(이하 '이 사건 부동산'이라 하고, 위 부동산이 위치한 건물을 '이 사건 건물'이라 한다)에 관하여 2015. 10. 8. 자 매매를 원인으로 한 소유권이전등기를 마쳤다.

2) 피고는 2015. 11. 2. 약사인 D에게 이 사건 부동산을 임대하였고, D는 위 부동산의 면적 76㎡ 중 52.9㎡에서 'E 약국'이라는 상호의 약국(이하 '이 사건 약국'이라 한다)을 운영하고, 나머지 23.1㎡ 부분은 제3자와 전대차계약을 체결하였다.

3) 피고는 2017. 6. 20. F에게 이 사건 부동산을 임대차보증금 250,000,000 원, 차임 월 8,000,000원(부가가치세 별도, 이하 부가가치세를 포함하는 경우에만 별도로 표시한다), 계약기간 2017. 11. 5.부터 2022. 7. 4.까지로 정하여 임대하는 내용의 임대차계약을 체결하였고, F는 전 임차인인 D로부터 이 사건 약국과 전대차계약을 승계받은 후 이 사건 약국을 운영하였다.

4) 이 사건 건물의 2층에는 'G'라는 상호의 병원(이하 '이 사건 병원'이라 한다)이 운영되고 있었다.

나. 임대차계약의 체결

1) 원고들은 2020. 2. 5. 피고와 피고로부터 이 사건 부동산을 아래와 같이 임차하는 내용의 임대차계약(이하 '이 사건 임대차계약'이라 한다)을 체결하였다.

2) 원고 A 2020. 1. 17. F와 F에게 이 사건 약국에 대한 시설권리금으로 170,000,000원을 지급하는 내용의 권리금계약을 체결한 후 2020. 2. 5.까지 3회에 걸쳐 위 권리금을 모두 지급하였고, 원고들은 그 무렵부터 이 사건 약국을 인도받아서 운영하였다.

3) 원고들은 F로부터 H에 대한 전대차계약을 승계하면서 F의 전대차보증금 지급채무 2,000만 원을 인수하였고 2020. 2. 10. F에게 230,000,000 원을 지급함으로써 이 사건 임대차계약에 따른 임대차보증금을 모두 지

급하였다.

다. 이 사건 병원의 이전 및 원고들의 퇴거 등

1) 이 사건 병원의 해당 호실에 대한 임대차기간은 2021. 8. 30.까지였는데, 이 사건 병원의 운영자인 I는 2021. 6. 16. 이 사건 병원의 운영을 위하여 이 사건 건물의 바로 옆인 화성시 J 소재 건물(이하 'K 건물'이라 한다)의 L호를 매수하는 계약을 체결하였고, 2021. 8. 초경 이 사건 병원의 시설을 철거하고 이 사건 건물에서 퇴거한 후 위 K 건물 L호에서 이 사건 병원을 운영하기 시작하였다.

2) 원고 B는 2021. 6. 2. K 건물 M호 49.2㎡의 소유자인 N, O로부터 위 호실을 임대차보증금 2억 원, 차임 월 500만 원, 계약기간 2021. 10. 15.부터 2023. 10. 14.까지로 정하여 임차하는 내용의 임대차계약을 체결하였다.

3) 원고들은 2021. 8. 11. 이 사건 약국 내 시설을 모두 철거하고 피고에게 위 약국의 열쇠를 발송하였고, 그 무렵부터 K 건물 M호에서 E 약국이라는 상호로 약국을 운영하고 있다.

4) 원고 A는 2021. 11. 23. 피고에게 "저희는 계약기간 안에 병원이 나가게 되면 임대료를 받지 않겠다고 하셔서 계약을 진행했던 건데, 이렇게 된 상황에서 보증금을 못 주겠다고 하시고 주변 상가 시세보다 훨씬 비싼 상태인데 감액해 주실 생각도 없으신 건가요?"라는 내용의 문자메시지(이하 '이 사건 문자메시지'라 한다)를 전송하였다.

5) 피고는 이 사건 부동산에 관한 2021. 9. 1.부터 2023. 7. 3.까지의 관리비 합계 5,898,269원을 납부하였다.

2. 당사자의 주장

가. 본소청구: 이 사건 임대차계약 해지에 따른 보증금 반환청구

1) 주위적 청구

원고들과 피고는 이 사건 임대차계약을 체결할 당시 특약사항으로 이 사건 임대차계약 기간 내에 이 사건 병원이 이전하는 경우 원고들은 이 사건 임대차계약을 즉시 해지할 수 있다고 정하였다(이하 '이 사건 해지약정'이라 한다). 이 사건 병원의 운영을 위하여 2021. 6. 16. K 건물 L호에 관한 매매계약이 체결되었고, 이 사건 병원은 2021. 8. 초경 이 사건 건물에서 위 K 건물 건물로 이전하였으므로, 이 사건 해지약정에 따라 원고들이 위 임대차계약을 해지할 수 있는 사유가 발생하였다. 원고들은 2021. 6. 29. 피고와의 전화통화에서 이 사건 임대차계약을 해지한다는 통고를 하였는바, 이 사건 임대차계약은 적법하게 해지되었다.

2) 제1예비적 청구

원고들과 피고 사이에 이 사건 해지약정이 체결되었다고 볼 수 없다고 하더라도, 이 사건 임대차계약기간 내에 이 사건 건물에 병원이 존재·운영된다는 것은 이 사건 임대차계약 성립의 기초가 된 사정인데, 이 사건 병원이 이전함에 따라 위 계약성립의 기초가 된 사정이 현저히 변경되었으므로, 원고들은 위와 같은 사정변경을 이유로 이 사건 임대차계약을 해지할 수 있다. 원고들은 이 사건 소장 부본 송달로써 사정변경을 원인으로 한 이 사건 임대차계약의 해지통고를 하였는바, 이 사건 임대차계약은 적법하게 해지되었으므로, 피고는 원고들로부터 이 사건 부동산을 인도받음과 동시에(원고들은 소장에서 피고에 대하여 이 사건 부동산의 인도의무가 있음을 자인하면서 상환이행청구를 하였고, 원고들은 2021. 8. 11. 피고에게 이 사건 부동산을 인도하였다고 주장하면서도, 피고에 대하여 보증금의 반환을 구하는 단순이행청구로 청구 취지를 변경하지 않았다) 원고들이 기지급한 보증금 230,000,000원을 반환할 의무가 있다.

3) 제2예비적 청구

설령 이 사건 임대차계약이 원고들이 주장하는 위 시점에 해지되지 않았다고 하더라도, 이 사건 임대차계약상의 보증금과 차임은 이 사건 임대차계약상의 임대물에 대한 기타 경제사정의 변동으로 상당하지 않게 되었다. 원고들은 2021. 11. 23. 피고에 대하여 차임의 감액을 청구하였는바, 이 사건 약국의 적정 월차임은 100만 원이고, 적어도 감정인 P의 감정결과에 따른 2,929,000원이라 할 것이므로, 피고는 원고들로부터 이 사건 부동산을 인도받음과 동시에 원고들에게 이 사건 임대차계약 해지에 따라 원고들이 기지급한 보증금 230,000,000원에서 원고들이 차임감액청구를 한 2021. 11. 23.부터 위 임대차계약의 종료 시까지 월 100만 원 또는 적어도 2,929,000원의 비율로 계산한 돈을 공제한 나머지 돈을 지급할 의무가 있다.

나. 반소청구: 이 사건 임대차계약 해지에 따른 이 사건 부동산 인도 청구

원고들은 2021. 8. 5.부터 이 사건 임대차계약에서 정한 차임을 지급하지 않았다. 피고는 이 사건 임대차계약 제4조에 따라 원고들의 3기의 차임 지급 연체를 이유로 이 사건 반소장 부본 송달로써 위 임대차계약 해지 통보를 하였는바, 이 사건 임대차계약은 위 반소장 부본이 원고들에게 송달된 2023. 7. 13. 적법하게 해지되었다. 원고들은 이 사건 변론 종결일 현재까지 이 사건 부동산을 인도하지 않고 있으므로, 피고로부터 임대차보증금 230,000,000원에서 원고들이 차임을 미지급한 2021. 8. 5.부터 이 사건 부동산의 인도완료일까지 월 880만 원(부가가치세 포함)의 비율로 계산한 돈 및 피고가 원고들 대신 납부한 관리비 합계 5,672,552원을 공제한 나머지 돈을 지급받음과 동시에 피고에게 이 사건 부동산을 인도할 의무가 있다.

3. 본소와 반소의 공통쟁점에 대한 판단

가. 이 사건 임대차계약의 해지여부에 대한 판단

1) 이 사건 해지약정에 따른 임대차계약 해지 여부

가) 갑7호증의 기재에 의하면, 원고들과 피고는 이 사건 임대차계약 체결일인 2020. 2. 5. 전 임차인 F와 그의 남편, 부동산 중개인, 브로커 Q와 함께 아래와 같은 내용의 대화를 나눈 사실을 인정할 수 있다.

2) 위 인정사실만으로는 원고들과 피고가 이 사건 임대차계약을 체결할 당시 임대차계약 기간 내에 이 사건 병원이 이전하는 경우 원고들이 이 사건 임대차계약을 즉시 해지할 수 있다는 내용의 이 사건 해지약정을 하였다고 인정하기에 부족하고, 달리 이를 인정할 증거가 없다. 원고들과 피고 사이에 위와 같은 약정이 구두로 이루어졌다면 이를 이 사건 임대차계약서의 특약사항에 기재하지 않을 이유가 없었음에도, 피고는 끝내 이 사건 해지약정의 내용을 특약사항에 기재하는 것에 반대한 사실을 인정할 수 있을 뿐이다.

나. 사정변경으로 인한 이 사건 임대차계약의 해지 여부

1) 관련 법리

　계약 성립의 기초가 된 사정이 현저히 변경되고, 당사자가 계약의 성립 당시 이를 예견할 수 없었으며, 그로 인하여 계약을 그대로 유지하는 것이 당사자의 이해에 중대한 불균형을 초래하거나 계약을 체결한 목적을 달성할 수 없는 경우에는 계약준수원칙의 예외로서 사정변경을 이유로 계약을 해제거나 해지할 수 있다. 여기에서 말하는 사정이란 당사자들에게 계약 성립의 기초가 된 사정을 가리키고, 당사자들이 계약의 기초로 삼지 않은 사정이나 어느 일방당사자가 변경에 따른 불이익이나 위험을 떠안기로 한 사정은 포함되지 않는다(대법원 2017. 6. 8. 선고 2016다249557 판결, 대법원 2020. 12. 10. 선고 2020다254846 판결 등 참조).

2) 판단

가) 피고가 2015. 11. 3. 이 사건 부동산에 관하여 소유권이전등기를 마친 후 그 무렵부터 약사인 D, F에게 이 사건 부동산을 순차로 임대하였고, D, F는 위 부동산에서 이 사건 약국을 운영해 왔던 사실, 원고들과 피고가 2020. 2. 5. 이 사건 임대차계약을 체결하였고 위 임대차계약상 보증금은 250,000,000원, 차임은 월 880만 원(부가가치세 포함), 임대차기간은 5년인 사실, 이 사건 병원이 2021. 8. 초경 이 사건 건물에서 퇴거한 후 옆 건물인 K 건물 L호로 이전하여 운영되고 있는 사실은 앞에서 본 바와 같다. 위 인정사실 및 그로부터 추론되는 다음과 같은 사정, 즉 ① 피고는 원고들이 이 사건 부동산을 임차하기 전부터 D, F에게 이 사

건 부동산에서 약국을 운영할 것을 전제로 위 부동산을 임대하였고, 이들이 위 부동산과 같은 건물에 위치한 이 사건 병원의 처방전에 따른 조제약을 주 수입원으로 하는 점을 알고 있었던 점, ② 피고는 위와 같은 사정을 고려하여 이 사건 약국과 같은 건물에서 병원이 개설·운영된다는 전제하에 주변 상가들의 임대차보증금 및 월차임 시세보다 비교적 고액으로 보증금과 월차임액수를 정하였고, 임대차기간도 5년의 장기로 정한 것으로 보이는 점, ③ 2015년 11월경부터 이 사건 임대차계약 체결시점인 2020. 2.경까지 약 4년 3개월 동안 이 사건 건물에는 이 사건 병원이 운영되어 왔고, 이 사건 건물의 인근에는 다른 병원이 존재하지 않는바, 이 사건 병원이 이전하는 경우 이 사건 약국의 수입이 급격히 감소할 것이라는 점은 경험칙상 명백한 점, ④ 일반적으로 약국의 입점에 있어서 같은 건물에 병원이 존재하는지 여부가 가장 핵심적이고 중요한 요소라고 할 수 있는 점, ⑤ 실제로 이 사건 임대차계약 체결 당시 원고 A가 이 사건 건물에 존재하는 이 사건 병원이 퇴거하는 경우에는 이 사건 임대차계약을 무효화하는 특약조항을 이 사건 임대차계약서에 추가해 달라고 요구하였고, 이에 대해 피고도 이 사건 병원이 이전하면 원고들이 처방전을 받을 수 없을 것이고 그렇다면 피고 역시 원고들로부터 차임을 받을 이유가 없다고 시인하여, 당사자 모두 이 사건 건물에서 이 사건 병원이 운영되는지 여부를 이 사건 임대차계약 성립의 기초로 하는 데 합의한 점 등에 비추어 보면, 이 사건 약국과 같은 건물에 병원이 존재·운영된다는 사실은 이 사건 임대차계약 성립의 기초가 된 사정에 해당하고, 이 사건 병원이 이전함으로써 위와 같은 계약 성립의 기초가 된 사정이 현저히 변경되었다고 봄이 타당하다.

나아가 이 사건 병원은 이 사건 임대차계약 체결되기 약 4년 3개월 전부터 운영되어 왔고, 이 사건 건물의 인근에는 다른 병원이 존재하지 않았던 사실, 피고도 이 사건 임대차계약 체결 당시 원고들에게 이 사건 병원이 이전할 가능성은 전혀 없다는 취지로 말한 사실은 앞에서 본 바와 같고, 달리 위 계약 체결 당시 원고들과 피고가 이 사건 병원이 이전할 수도 있다는 사실을 알았거나 알 수 있었다고 인정할 아무런 자료가 없는바, 원고들과 피고는 이 사건 임대차계약의 성립 당시 위와 같은 사정변경을 예견할 수 없었다고 봄이 타당하다.

나) [중략]

다) 다만 앞에서 든 증거들 및 변론 전체의 취지를 종합하면 인정되는 다음과 같은 사실과 그로부터 추론되는 사정에 비추어 보면, 원고들이 제출한 증거만으로는 이 사건 병원이 이전함으로써 이 사건 임대차계약 성립의 기초가 된 사정이 현저히 변경되었고 원고와 피고들이 계약의 성립 당시 이를 예견할 수 없었다고 하더라도 그로 인하여 <u>위 임대차계약을 그대로 유지하는 것이 원고들과 피고 사이의 이해에 중대한 불균형을 초래하거나 원고들이 위 임대차계약을 체결한 목적을 달성할 수 없는 경우에 해당한다고 인정하기에 부족하고, 달리 이를 인정할 증거가 없다. 따라서 원고들이 사정변경을 이유로 이 사건 임대차계약을 해지할 수 있다고 보기는 어렵다.</u>

① 원고들이 이 사건 임대차계약을 체결한 목적은 이 사건 건물에서 약국을 운영하는 것인바, 약국개설자는 의사가 처방한 전문의약품과 일반의약품

을 조제하여 판매하는 외에 의사의 처방 없이 일반의약품을 판매할 수도 있으므로(약사법 제50조 제3항) 이 사건 병원이 이전한다고 하여 원고들이 이 사건 약국의 운영을 전혀 할 수 없다고 보기는 어렵다.

② 이 사건 병원은 2021. 8.경 이 사건 건물의 바로 옆에 위치한 K 건물로 이전하였고, 그 무렵 원고들이 임대차계약을 체결한 K 건물 M호가 공실이었는데, 위 병원이 이전하였다고 하여 위 K 건물 M호에 약국이 바로 들어섰을 것이라고 단정할 수도 없다.

③ 이 사건 병원은 'R 아파트'(2015. 1. 준공, 12개동 485세대)와 'S 아파트'(2015. 12. 준공, 12개동 904세대)의 가운데 지점에 위치해 있고, 위 아파트 인근에는 위 병원 외에 다른 병원이 있지는 않다(S아파트의 남동쪽에 병원이 집중적으로 위치해 있다). 이 사건 병원은 일반적으로 처방전이 많이 발행되는 내과, 이비인후과를 진료과목으로 하고 있는데, 위 아파트의 인근에는 이 사건 약국 외에 다른 약국이 위치해 있지 않다. 한편 K 건물 M호와 이 사건 약국 간의 거리는 불과 약 25m에 불과한바, 이 사건 병원이 K 건물로 이전하였고, K건물 M호에 다른 약국이 들어서고 원고들이 이 사건 부동산에서 기존대로 이 사건 약국을 계속 운영하였다는 것을 가정해 보더라도 원고들이 이 사건 병원 의사의 처방전에 따른 의약품을 전혀 조제하지 못할 것이라고 단정할 수 없다.

다. 원고들의 차임연체를 이유로 인한 이 사건 임대차계약 해지 여부

이 사건 임대차계약서 제4조에서는 원고들의 차임 연체액이 3기의 차임액에 달하는 경우 피고는 즉시 본 계약을 해지할 수 있다고 정하고 있는 사실은 앞에서 본 바와 같고, 원고들이 2021. 8. 5.경부터 피고에게 이 사건 임대차계약상의 차임을 전혀 지급하지 않은 사실은 당사자 사이에 다툼이 없으며, 피고가 2023. 7. 13. 반소장 부본 송달로써 원고들에게 이 사건 임대차계약을 해지하겠다는 의사표시를 하였고, 같은 날 위 반소장 부본이 원고들에게 도달한 사실은 기록상 명백하다. 위 인정사실에 의하면, <u>이 사건 임대차계약은 2023. 7. 13. 원고들의 3기 이상 차임 연체를 이유로 적법하게 해지되었다고 봄이 타당하다.</u>

라. 원고들이 이 사건 부동산을 인도하였는지 여부

원고들이 2021. 8. 11.경 이 사건 부동산 내 모든 시설을 철거하고 피고에게 위 부동산의 열쇠를 우편으로 보낸 사실은 앞에서 본 바와 같고, 갑19호증의 기재 및 변론 전체의 취지에 의하면 우체부의 실수로 위 열쇠가 피고에게 전달되지 못하였으나, 원고들은 피고에게 열쇠를 다시 전달하겠다는 의사를 밝힌 사실이 인정되며, 원고들이 우체국에서 열쇠를 찾아서 이 사건 건물의 관리인에게 보관하였다고 주장함에 대하여 피고는 명백히 다투지 않고 있다(피고는 단지 이 사건 임대차계약 기간이 만료되지 않았으므로 위 열쇠의 수령을 거부하고 있다고 주장할 뿐이다).

위 인정사실에 의하면 원고들은 2021. 8. 11.경 피고에게 이 사건 부동산을 인도하였다고 봄이 타당하다.

4. 본소청구에 대한 판단

가. 청구원인에 대한 판단

1) 원고들과 피고가 이 사건 임대차계약을 체결할 당시 위 임대차계약 기간 내에 이 사건 병원이 이전하는 경우 원고들이 이 사건 임대차계약을 즉시

해지할 수 있다는 내용의 이 사건 해지약정을 하였다거나, 원고들이 사정변경을 이유로 이 사건 임대차계약을 해지할 수 있다고 보기는 어려우므로, 이와 다른 전제에 선 원고들의 주위적, 제1예비적 청구는 이유 없다.
2) 다만 이 사건 임대차계약은 2023. 7. 13. 원고들의 3기 이상 차임 연체를 이유로 한 피고의 해지의 의사표시에 의하여 적법하게 해지되었으므로, 피고는 특별한 사정이 없는 한 원고들이 구하는 바에 따라 원고들로부터 이 사건 부동산을 인도받음과 동시에 원고들에게 임대차보증금 230,000,000원을 반환할 의무가 있다.

나. 피고의 공제항변에 대한 판단

1) 피고는, 이 사건 임대차보증금에서 원고들이 미지급한 월 880만 원(부가가치세 포함)의 비율로 계산한 연체차임과 피고가 원고들을 대신하여 납부한 관리비 합계 5,898,269원을 공제하여야 한다고 주장한다.
2) 임대차계약에 있어서 임대차보증금은 임대차계약 종료 후 목적물을 임대인에게 인도할 때까지 발생하는 임대차에 관한 임차인의 모든 채무를 담보한다. 따라서 그 피담보채무 상당액은 임대차관계의 종료 후 목적물이 반환될 때에 특별한 사정이 없는 한 별도의 의사표시 없이 보증금에서 당연히 공제되는 것이므로 임대인은 임대차보증금에서 그 피담보채무를 공제한 나머지만을 임차인에게 반환할 의무가 있다. 그리고 임차인이 임대차목적물을 사용·수익하는 동안 그 사용·수익을 위하여 그 목적물에 관하여 발생한 관리비·수도료·전기료 등 용익에 관한 채무는 임대차계약에서 달리 약정하였다는 등의 특별한 사정이 없는 한 임대차관계의 성질상 임대차보증금에 의하여 담보되는 임차인의 채무에 속한다(대법원 2005. 9.

28. 선고 2005다8323, 8330 판결, 대법원 2012. 6. 28. 선고 2012다 19154 판결 등 참조).

3) 이 사건 임대차계약에서 차임은 월 8,800,000원(부가가치세 포함)으로 약정한 사실, 피고는 원고들로부터 이 사건 임대차계약에 따라 임대차보증금으로 230,000,000원을 지급받은 사실, 원고들은 2021. 8. 5.부터 차임의 지급을 연체한 사실, 원고들이 2021. 8. 11.경 피고에게 이 사건 부동산을 인도한 사실, 피고가 이 사건 부동산에 관한 2021. 9. 1.부터 2023. 7. 3.까지의 관리비 합계 5,898,269원을 납부한 사실은 앞에서 본 바와 같다. 위 인정사실에 의하면, 특별한 사정이 없는 한 피고는 원고들에게 임대차보증금 230,000,000원에서 원고들이 차임의 지급을 연체한 2021. 8. 5.부터 이 사건 임대차계약이 해지된 2023. 7. 13.까지 월 8,800,000원의 비율로 계산한 돈과 관리비 합계 5,898,269원을 공제한 나머지 돈을 지급할 의무가 있다.

다. 원고의 차임감액 재항변에 대한 판단

1) 관련 법리

가) 임대물에 대한 공과부담의 증감 기타 경제사정의 변동으로 인하여 약정한 차임이 상당하지 아니하게 된 때에는 당사자는 장래에 대한 차임의 증감을 청구할 수 있는바(민법 제628조), 이와 같은 차임증감청구권은 계속적 채권관계인 임대차의 특성상 계약기간 동안 경제사정의 변동 등으로 인하여 당초 약정하였던 내용이 현실과 동떨어진 것으로 되거나 이를 고수하는 것이 정의와 형평에 어긋나게 되는 경우 변경된 사정에 맞

게 계약의 내용을 수정하는 것을 허용하는 규정으로서, 임대차관계에 이른바 사정변경의 원칙을 받아들인 규정으로 볼 수 있다.

나) 한편 임차인의 차임감액청구권은 사법상의 형성권으로(대법원 1968. 11. 19. 선고 68다1882, 1883 판결 등 참조), 그 청구권을 재판 과정에서 행사할 수 있을 뿐만 아니라 재판 외에서도 행사할 수 있다. 그리고 구체적으로 차임감액청구 의사가 표시되었는지는 법률행위 해석에 관한 일반원칙에 따라 그 의사표시의 내용과 아울러 의사표시가 이루어진 동기 및 경위, 당사자가 의사표시에 의하여 달성하려고 하는 목적과 진정한 의사 및 그에 대한 상대방의 주장·태도 등을 종합적으로 고찰하여 사회정의와 형평의 이념에 맞도록 논리와 경험의 법칙, 그리고 사회일반의 상식에 따라 합리적으로 판단하여야 한다(대법원 2012. 5. 24. 선고 2010다50809 판결 취지 등 참조).

다) 또한 임대인이 민법 제628조에 의하여 장래에 대한 차임의 증액을 청구하였을 때에 당사자 사이에 협의가 성립되지 아니하여 법원이 결정해 주는 차임은 증액청구의 의사표시를 한 때에 소급하여 그 효력이 생기는 것이므로, 특별한 사정이 없는 한 증액된 차임에 대하여는 법원 결정 시가 아니라 증액청구의 의사표시가 상대방에게 도달한 때를 이행기로 보아야 한다(대법원 2018. 3. 15. 선고 2015다239508, 239515 판결 등 참조).

2) 판단

가) 원고들이 차임감액청구권을 행사한 것으로 볼 수 있는지 여부

원고 A가 2021. 11. 23. 피고에게 "저희는 계약기간 안에 병원이 나가게

되면 임대료를 받지 않겠다고 하셔서 계약을 진행했던 건데, 이렇게 된 상황에서 보증금을 못 주겠다고 하시고 주변 상가 시세보다 훨씬 비싼 상태인데 감액해 주실 생각도 없으신 건가요?"라는 내용의 문자메시지를 전송한 사실은 앞에서 본 바와 같고, 위 인정사실 및 그로부터 추론되는 다음과 같은 사정, 즉 ① 민법 제628조에서는 차임감액청구권 행사의 방식에 대해 별도로 규정을 하고 있지 않고, 이 사건 임대차계약에도 그에 관한 특별한 약정은 없는 점, ② 원고들은 이 사건 병원의 이전을 이유로 피고에게 이 사건 임대차계약의 해지를 요청하였으나, 이에 피고가 응하지 않자 피고의 주장대로 이 사건 임대차계약을 유지하여야 한다면 차임을 감액할 것을 요구한 것으로 보이는바, 이와 같은 원고들이 위 문자메시지를 보낸 경위와 동기, 그 구체적 내용에 비추어 보면, 위 문자메시지 내용에는 민법 제628조의 차임감액청구권을 행사하는 의사가 포함되어 있고, 피고로서도 위 원고가 차임의 감액을 청구한다는 것을 충분히 알 수 있었다고 보이는 점, ③ 원고 A가 의문문 형태로 위와 같은 문자메시지를 보냈으나, 이를 단순히 협의를 제안하거나 피고의 의사를 물어보는 의사표시에 불과하다고 볼 수는 없는 점 등에 비추어 보면, 이 사건 문자메시지상의 내용은 원고 A가 민법 제628조의 차임감액청구의 의사표시를 한 것이라고 봄이 타당하다.

나) 차임감액 인정 여부

(1) 앞에서 본 증거들 및 갑15 내지 17호증의 각 기재, 감정인 T, P의 각 감정결과에 변론 전체의 취지를 종합하면 인정되는 다음과 같은 사실과 그로부터 추론되는 사정에 비추어 보면, 이 사건 임대차계약의 임대물에 대한 경제사정의 변동에 따라 종래 위 임대차계약에서 약정한 차임이 상당하지 아니하다고 보이므로, 그 약정 차임에 따라 원고들과 피고를 그대로

구속시키는 것은 형평에 반하여 부당하다고 판단된다.

① 감정인 P는, 이 사건 건물에 병원이 존재하지 않는 경우 이 사건 부동산은 약국의 입지로서 부적절하고, 주변 점포의 공실상태, 해당 건물의 병원 유무 등을 종합적으로 고려할 경우 이 사건 부동산을 약국으로 사용하는 것보다 주변 점포와 유사한 일반적인 근린생활시설로 사용하는 것이 최고의 가치를 가지는 것으로 판단된다는 의견을 밝혔는바, 이 사건 부동산을 약국 용도로 임차하더라도 독점약국으로서의 의미는 크다고 볼 수 없고 일반 근린생활시설로 임차하는 경우와 달리 볼 여지가 없으며, 근린생활시설인 이 사건 부동산의 차임시세는 주변 임대시세 등을 고려할 때 임대차보증금 250,000,000원에 차임 월 2,929,000원(감정인 P의 감정결과) 내지 3,001,226원(감정인 T의 감정결과)에 불과하다.

② 이 사건 병원과 약국은 'R 아파트'와 'S 아파트'의 가운데 지점에 유일하게 존재하고 있는바, 원고들과 피고는 이와 같은 지리적 이점 등을 고려하여 상대적으로 차임을 고액으로 산정하고 임대차계약기간을 장기로 정한 것으로 보인다.

③ 약국개설자는 의사의 처방 없이도 판매 가능한 일반의약품을 판매하여 매출을 올리기도 하지만 대부분 조제된 약제를 판매함으로서 매출을 올리게 되고 의약품 수요자 측에서 보더라도 오로지 일반의약품만 구매하기 위하여 약국을 방문하는 비율은 상대적으로 낮을 것으로 보인다. 따라서 이 사건 건물에서 이 사건 병원이 운영되지 않게 되면 이 사건 약국을 찾는 방문자들은 급격히 줄어들 것으로 예상되고, 그에 따른 조제약제의 판매와 일반의약품 판매로 인한 수익도 큰 폭으로 감소할 것이 예상된다. 피고 역시도 처방전이 기본 60장은 나와야 약국개설자가 피고에게 차임을 지급할 정도가 된다고 인정하였다. 즉, 이 사건 약국의 수입은 이 사건

병원의 존재 및 운영과 밀접한 관련이 있다고 할 수 있다.

④ 이 사건 병원은 이 사건 약국 인근에 유일하게 존재하는 연중무휴로 운영되는 병원으로서 실제로 이 사건 병원이 예외적으로 영업을 하지 않았던 2022. 11. 3. 처방전 없는 일반의약품 매출로 인한 순수익은 148,811원이었고[이를 2022. 11.경 총 순수익으로 환산하면 4,464,330원(= 148,811원 × 30일)이다], 조제한 약제의 매출은 0원이었는바, 이 사건 병원이 이전하여 이 사건 약국 인근에 병원이 존재하지 않을 경우 이 사건 약국을 운영한 수익에 비하여 이 사건 임대차계약에서 정한 월차임은 지나치게 과다해 보인다.

다) 차임감액의 정도

앞에서 본 증거들 및 갑15 내지 17호증의 각 기재, 감정인 T, P의 각 감정결과에 변론 전체의 취지를 종합하면 인정되는 다음과 같은 사실과 그로부터 추론되는 사정, 즉 ① 일반적인 근린생활시설로 볼 수밖에 없는 이 사건 부동산의 차임시세는 약 월 300만 원으로서 이는 이 사건 임대차계약상의 차임 월 800만 원의 약 37.5%에 불과한 점, ② 이 사건 병원이 예외적으로 영업을 하지 않았던 2022. 11. 3. 일반의약품 매출로 인한 순수익은 148,811원이었는바, 이는 2022. 11.의 일평균 일반의약품 판매로 인한 순수익 372,351원(= 11월 순수익 합계 11,170,542원 ÷ 30일)의 약 40%에 불과하고, 위 2022. 11. 3. 기준 조제약제 매출은 0원이었으므로, 조제약제 판매로 인한 순수익까지 반영하면 이 사건 병원의 이전으로 인하여 원고들이 입게 된 손실은 이보다 더 클 것으로 보이는 점, ③ 다만 이 사건 병원은 이 사건 건물의 바로 옆 건물로 이전하였는바, 이 사건 병원이 휴무인 경우와 위 병원이 전혀 존재하지 않는 경우의 이 사건 약국의 수입이 같다고 단정할 수는 없고, 원고들이 여전히 이 사건 부동산에서 이 사건 약국을 운영하였다고 하더라도 이 사건 병원의 처방전에 따른 조제약제 매출이 전혀 없었다고 단정할 수 없는 점 등 이 사건 변론에 나타난 여러 사정을 고려하면, 이 사건 임대차계약의 차임은 기존 차임 월 800만 원의 62.5%(37.5% 감액)에 해당하는 월 500만 원으로 감액하는 것이 타당하다.

라. 미지급 차임 및 보증금의 범위에 대한 판단

1) 원고들이 2021. 8. 5.부터 피고에게 차임을 지급하지 않은 사실, 원고들이 2021. 11. 23. 차임감액을 청구하는 문자메시지를 전송하여 피고에게 도달한 사실, 이 사건 임대차계약에서 정한 차임은 월 880만 원(부가가치세 포함)이고, 원고들의 차임감액청구에 따라 감액된 차임은 월 550만 원(부가가치세 포함)인 사실, 피고의 이 사건 임대차계약의 해지의사표시가 담긴 2023. 7. 13. 자 반소장 부본이 같은 날 원고들에게 도달함으로써 이 사건 임대차계약은 적법하게 해지되었다는 점은 앞에서 본 바와 같다. 이에 따라 원고들이 피고에게 미지급한 차임을 계산하면 아래 [표] 기재와 같이 140,030,000원이다.

2) 따라서 피고가 원고들에게 반환하여야 할 보증금의 범위는 84,071,731원(= 보증금 230,000,000원 - 미지급 차임 합계 140,030,000원 - 관리비 합계 5,898,269원)이다.

마. 소결

따라서 피고는 원고들이 구하는 바에 따라 원고들로부터 이 사건 부동산을 인도받음과 동시에 원고들에게 84,071,731원을 지급할 의무가 있다.

5. 반소청구에 대한 판단

원고들이 2021. 8. 11.경 피고에게 이 사건 부동산을 인도하였다는 사실은 앞에서 본 바와 같다. 따라서 이 사건 변론 종결일 현재 원고들이 이 사건 부동산을 인도하지 않았음을 전제로 원고들에게 위 부동산의 인도를 구하는 피고의 반소청구는 더 나아가 살펴볼 필요 없이 이유 없다.

6. 결론

그렇다면 원고들의 본소청구는 위 인정범위 내에서 이유 있어 인용하고, 나머지 본소청구와 피고의 반소청구는 이유 없어 각 기각한다.

1) 임대차계약서(갑1호증)에는 계약서 작성일자가 2020. 2. 4.로 기재되어 있으나, 실제 계약체결일은 2020. 2. 5.로 보인다.
2) 권리금계약서(갑3호증)에는 계약서 작성일자가 2019. 12. 1.로 기재되어 있으나, 실제 계약체결일은 2020. 1. 17.로 보인다.
3) 원고들은 2022. 3. 7. 자 준비서면에서부터 이 사건 임대차계약에 기한 원고들의 차임 지급채무는 2021. 11. 23.부터 이 사건 임대차계약 종료 시까지 월 100만 원 또는 적어도 2,929,000원을 초과하여서는 존재하지 아니한다는 확인을 구한다고 주장하였으나, 위와 같은 청구원인으로 청구 취지를 추가·변경신청하지 않았다. 다만 원고들은, 피고가 원고들의 차임 지급 연체를 이유로 이 사건 반소장 부본 송달로써 이 사건 임대차계약을 해지하였으므로 이 사건 임대차계약은 해지되었고 다만 계약의

해지시점과 그에 따라 원고들이 기지급한 보증금에서 공제해야 할 월차임액의 산정 문제만이 남았다고 주장하면서 감액된 차임을 기준으로 한 임대차계약 종료에 따른 보증금 반환을 구하고 있으므로(원고들의 2023. 7. 13.자 준비서면 3쪽, 2023. 10. 5. 자 참고서면 5쪽), 원고의 제2예비적 청구를, 피고의 미지급 차임 공제 항변에 대한 재항변으로 선해하여 감액된 금액을 기준으로 한 차임을 공제한 나머지 보증금의 반환을 구하는 주장으로 본다.

개국 약사를 위한 판결의 의미와 해석

약국을 운영하고 있던 원고는 병원이 옆 건물로 이전한다는 소식을 듣고 약국도 옆 건물로 이전하게 됩니다. 이전하면서 임대인에게 문자를 보냅니다.

"저희는 계약기간 안에 병원이 나가게 되면 임대료를 받지 않겠다고 하셔서 계약을 진행했던 건데, 이렇게 된 상황에서 보증금을 못 주겠다고 하시고 주변 상가 시세보다 훨씬 비싼 상태인데 감액해 주실 생각도 없으신 건가요?"라고 말입니다.

그런데 임대인은 그런 적이 없다며 보증금을 돌려줄 수 없다고 한 것입니다. 판결문 중에서 **'정황상 확인은 되나 임대인이 특약에 넣는 것을 거부하였다'** 이 부분에서 알 수 있듯이 계약 시 구두 약속은 법원에서도 인정할 수가 없다고 한 것입니다. 특약으로 계약서에 넣지 않음으로 계약을 해지하지 못하는 상황이 된 것입니다.

하지만 다행인지 3개월 임대료 연체로 인한 임대인으로부터 임대차계약 해지통보를 받게 된 것입니다. 임대 해지 특약이 없는 상황에서 임대인의 과거 구두 약속만을 믿고 폐업, 이전함으로 나머지 기간 800만 원이라는 고액의 임대료를 계약 종료 시까지 한 푼도 깎지 못하고 전부 부담해야 할 뻔한 상황에서 벗어날 수 있었습니다.

더불어 '한 통의 문자'로 임대료 감액 청구가 받아들여져 연체된 임대료의 일부도 감액되어 더 큰 손실을 안을 뻔했던 최악의 상황을 면하게 된 것입니다.

위 판결 과정을 통해 우리가 다시 얻는 교훈은 아무리 신뢰하는 관계라 할지라도, 부동산 임대차와 같은 중요한 계약에서는 감정에 기대거나 막연한 신뢰에 의존해서는 절대 안 된다는 것입니다. 계약 시에 논의된 중요한 내용은 아무리 사소해 보여도 반드시 '문서'로 작성하고, 특히 임차인에게 유리하거나 불리하게 작용할 수 있는 부분은 주저하지 말고 '특약사항'으로 명시해야 합니다. 구두 약속은 실제 상황이 발생했을 때, 특히 법적 분쟁으로 이어졌을 때 아무런 법적 증거가 될 수 없으며, 오직 계약서에 명시된 내용만이 법적으로 보호받을 수 있습니다. 아무리 급하더라도, 상대방이 누구든 간에 반드시 모든 내용을 꼼꼼히 확인하고, 중요한 사항은 망설이지 않고 문서화하여 특약으로 요구해야 한다는 원칙을 철저히 지켜야 할 것입니다. '설마'라는 생각은 금물이며, '괜찮겠지'라는 안일함은 큰 재앙을 불러올 수 있습니다.

이 글을 읽는 모든 분들은 계약서 작성에 있어 신중 또 신중하시기를 간곡히 당부드립니다. 법은 당신의 '억울함'을 들어 주지 않을 수 있습니다. 오직 '증거'만을 이야기할 뿐입니다. 그리고 그 증거는 바로 약사님의 손에 들린 계약서 안에 담겨 있어야만 할 것입니다.

#3 약국 양도 양수 관련 소송

12. 약사 대 약사, 믿었던 '권리금 계약' "병원 옮기는 줄 알면서…" 양도 약사에 '기망' 주장하며 권리금 반환 청구

대전지방법원 천안지원 2019. 2. 15. 선고 2018가합100079 판결 [손해배상(기)]

사건 요약

1. 사건의 개요

본 사건은 양수 약사인 원고가 양도 약사 피고를 상대로 제기한 권리금 반환 청구 소송입니다. 원고는 피고가 계약 체결 당시 인근 병원의 이전 계획을 제대로 알리지 않아 손해를 입었다고 주장하며 권리금 등의 반환을 청구했습니다.

2. 사건의 쟁점

가. 피고의 병원 이전 계획 인지 여부: 피고가 계약 체결 당시 D 의원의 이전 계획이나 가능성을 알았거나 알 수 있었는지 여부.

나. 원고의 착오에 의한 계약 취소 가능성: 원고가 D 의원의 이전 가능성에 대해 피고에게 문의했을 때 피고가 이전 계획이 없다고 답변한 것을 믿고 계약을 체결한 것이 착오에 해당하는지 여부. 특히 피고가 유발한 착오인지 여부.

다. 계약 조항에 따른 계약 해지 여부: 계약서 제1조 제6항에 '약국 양도양수일 이전에 D 의원의 이전 계획 등이 있는 경우 계약이 해지된다'고 명시된 바, 실제 D의원의 이전 계획이 있었는지 여부.

라. 피고의 불법행위 여부: 피고가 인근 병원의 이전 사실을 알고도 고지하지 않거나 허위 사실을 고지한 것이 불법행위에 해당하는지 여부.

마. 원고의 손해 발생 여부: 피고의 고지 의무 위반 또는 불법행위로 인해 원고에게 권리금 상당의 손해 및 인테리어 비용 손해가 실제로 발생했는지 여부.

판결 원문

사건

2018가합100079 손해배상(기)

원고

A

피고

B

변론 종결

2019. 1. 11.

판결 선고

2019. 2. 15.

주문

1. 원고의 청구를 기각한다.

2. 소송비용은 원고가 부담한다.

청구 취지

피고는 원고에게 740,345,500원 및 이에 대하여 이 사건 소장 부본 송달일 다음 날부터 다 갚는 날까지 연 15%의 비율로 계산한 돈을 지급하라.

이유

1. 기초 사실

가. 충남 홍성군 C 소재 건물(이하 '이 사건 건물'이라 한다) 2층에는 D 의원이 위치하고 있고, 피고는 이 사건 건물 1층에서 'E 약국'이라는 상호로 약국을 운영하던 약사이다.

나. 피고는 2016. 7. 9. 원고와 사이에 E 약국의 임차권 및 운영권 일체를 원고에게 양도하는 내용의 권리계약을 체결(이하 '이 사건 계약'이라 한다)하였고, 원고는 위 계약에 따라 피고에게 권리금으로 6억 6,500만 원을 지급하였다. 이후 원고는 이 사건 건물 1층에서 약국을 운영하고 있다.

2. 원고의 주장

가. 원고의 주위적 주장(채무불이행으로 인한 손해배상청구)

약국 운영에 있어 병원의 위치나 존속 여부는 매우 중요한 요소이므로 약국의 양도인은 양도·양수계약상 부수적 의무로서 이를 양수인에게 고지해야 할 의무가 있다. 피고는 이 사건 계약 체결 당시 이 사건 건물 2층에 위치한 D 의원의 이전 계획이나 그 가능성을 알거나 알 수 있었음에도 이를 원고에게 고지하지 않았는바, 원고가 이를 알았다면 피고로부터 이 사건 약국을 양수하지 않았을 것이다. 그러므로 피고는 원고가 지급한 권리금 6억 6,500만 원과 원고가 약국 영업을 위하여 지출한 인테리어 비용 75,345,500원을 배상할 의무가 있다.

나. 원고의 제1예비적 주장(부당이득반환청구)

1) 원고는 이 사건 계약 체결 당시 피고에게 D 의원의 이전 가능성에 대해 수차례 문의하였는데 피고는 이전 계획이 없고 최근 인테리어 공사를 하였다고 이야기하여 이를 신뢰한 원고는 D 의원이 이전하지 않을 것이라는 착오에 빠져 이 사건 계약을 체결하게 되었는바, 피고가 유발한 착오로 인하여 체결된 이 사건 계약을 취소한다.
2) 이 사건 계약 제1조 제6항은 이 사건 약국의 양도양수일(2016. 9. 4.) 이전에 이 사건 D 의원의 이전 계획 등이 있는 경우 이 사건 계약이 해지된다고 정하고 있는바, D 의원은 2015년 후반부터 2016년에 걸쳐 이전 계획을 추진해 왔고 이 사건 계약 체결 당시에도 계속하여 다른 부지를 물색하고 있었던 것으로 보이므로 이 사건 계약은 제1조 제6항에 따라 해지되었다고 할 것이다.
3) 그러므로 피고는 지급받은 권리금 6억 6,500만 원을 원고에게 부당이득으로 반환해야 한다.

다. 원고의 제2예비적 주장(불법행위로 인한 손해배상청구)

약국의 양도·양수 거래에서 양도인은 인근 병원의 이전 사실을 알고 있다면 이를 고지해야 할 신의칙상 의무가 있다고 할 것인데, 피고는 이러한 고지의무를 해태하였을 뿐만 아니라 원고에게 D 의원이 내부 공사를 진행하였고, 이전 계획이 전혀 없다는 허위 사실을 고지하였다. 그러므로 피고는 위와 같은 불법행위로 인하여 원고에게 발생한 권리금 상당의 손해 6억 6,500만 원 및 인테리어 비용 75,345,500원 합계 740,345,500원을 배상해야 한다.

3. 판단

갑 제1, 9호증, 을 제1 내지 4호증의 각 기재(각 가지번호 포함), 증인 F의 증언, 이 법원의 D 의원장 G에 대한 사실조회 결과 및 변론 전체의 취지에 의하면 다음과 같은 사실이 인정된다.

① 피고가 중개인을 통해 E 약국을 매물로 내놓은 지 1년이 지난 후에 이 사건 계약이 체결되었다. 그사이 피고가 권리금을 낮추려고 하거나 위 약국을 빠르게 처분하려는 등의 시도를 하지 않았다. 이 사건 계약은 약국 중개를 전문으로 하는 중개인 F의 중개하에 체결되었다.

② 광주에 있는 H 약사가 E 약국에 대한 매수의사를 밝히면서 주변 약국, D 의원의 환자 수 등을 사전조사를 한 바 있고, 원고는 H 약사의 후배이다. H 약사는 원고와 피고가 이 사건 계약 체결을 위해 협의할 때 동석하기도 하였다.

③ 원고는 이 사건 계약 체결 당시 피고에게 D 의원의 이전 가능성 여부를 물어보았고, 피고는 예전에 그런 계획이 있었으나 무산되었고 그 이후로 현재는 그런 계획이 없다는 취지의 이야기를 하였다.

④ 2015년도 후반에서 2016년도 초반 사이에 H 측에서 이 사건 건물 맞은 편에 건물 신축을 계획한다면서 D 의원에 이전의사를 타진하여 D 의원 측에서 내부적으로 이전을 검토하기도 하였으나 곧 무산되었고, 결국 해당 위치에 건물 신축도 이루어지지 않았다. 이후 D 의원에서 별다른 이전 계획을 가지고 있지 않았다. 그러다가 2017. 7.경 D 의원 측에서 I와 H

가 건물을 신축하고 있는 충남 J로 이전할 계획을 검토하면서 그 계획을 원고에게 알려 왔다.

⑤ 이 사건 계약 체결 당시 양도목적물인 E 약국의 경우 조제료는 월 4,500만 원, 일반 약 매출이 하루 평균 100만 원 가까이 되는 매출과 수익성이 높은 곳이었다.

⑥ 원고가 작성해 온 최초 계약서 제5조에는 D 의원이 이전할 경우 권리금 일부를 반환한다는 내용의 약정이 들어가 있었고 피고도 이에 동의하였으나, E 약국에서 근무했던 피고의 형이 그러한 조항을 넣으면서까지 계약을 체결하는 것이 굴욕적이라고 하며 계약체결을 반대하였고, 이에 원고와 피고는 위 조항을 삭제하는 대신에 권리금을 7억 원에서 6억 6,500만 원으로 낮추기로 하여 최종적인 계약서를 작성하게 되었다.

⑦ D 의원은 현재까지 기존 위치에서 계속 영업 중이고, 원고 또한 이 사건 약국을 계속 운영하고 있다.

위와 같은 사실들을 종합하여 보면, D 의원은 확실한 이전 계획을 가지고 있었던 것이 아니라 H 등이 신축건물로의 이전을 타진하여 내부적으로 이를 검토했던 것으로 보이고, 구체적으로 이전 계획을 준비하거나 실행했다는 증거를 찾을 수 없는바, 이 사건 계약 체결 당시인 2016. 7.경 D 의원이 병원을 이전할 계획이 있었다고 단정할 수 없고, 원고는 충분한 검토 과정과 피고와의 협의 과정을 거쳐 약국의 높은 수익성 등을 고려하여 이 사건 계약을 체결한 것으로 보인다. 또한, 원고가 지급한 권리금 6억 6,500만 원은 E 약국에 대한 영업권 양도·양수대금의 성격을 가진 것이고, D 의원으로 인하여 발생하는 수입 외에도 유동인구, 인프라, 인지도 등을 종합적으로 고려하여 양 당사자가 협의를 거쳐 책정한 금액으로 과다한 금액이라고 단정할 수 없다. 가사 D의원이 이 사건 계약 체결 당시에도 여전히 병원 이전가능성을 타진하고 있었거나 이전 계획을 검토하였다고 하더라도 이를 구체화하지 않은 상황에서 피고가 그러한 이전 계획 사실을 알았다고 보기 부족하고, 달리 이를 인정할 증거가 없다.

그러므로 이 사건 계약 체결 당시 D 의원의 이전 계획이 있었고, 피고가 그러한 계획을 알았다는 전제에서 피고가 이를 원고에게 알려 주어야 했음에도 그러한 의무를 해태함으로써 계약상 의무를 불이행하였다거나, 이를 고지하지 않음으로써 또는 허위사실을 고지함으로써 원고를 기망하여 착오에 빠뜨렸다는 내용의 원고의 주위적, 예비적 청구는 모두 이유 없다(마찬가지 이유로, 이 사건 계약 제1조 제6항에 의한 계약 해지도 인정할 수 없다).

한편, 이 사건 계약 체결 당시 D 의원이 이전할지도 모른다는 소문이나 일말의 가능성이 존재하였고, 피고가 그러한 소문이라도 원고에게 고지해 주었어야 할 의무가 있었다고 상정하더라도, 결국 이 사건 계약을 체결한 후 2년이 넘게 지난 변론 종결일 현재까지 D 의원은 이전하지 않고 있고 원고도 약국 영업을 계속하고 있는바, 위와 같은 피고의 고지의무 위반으로 인하여 원고가 현실적으로 입은 손해가 있다는 점이 증명되었다고 볼 수 없다. 그러므로 피고의 고지의무 위반으로 인하여 원고가 주장하는 바와 같이 원고에게 권리금 상당의 손해 등이 발생하였다는 점도 인정하기 어렵다.

4. 결론

그렇다면, 원고의 주위적, 예비적 청구는 이유 없어 이를 모두 기각하기로 하여 주문과 같이 판결한다.

개국 약사를 위한 판결의 의미와 해석

법원은 양수 약사 원고의 주장을 뒷받침할 충분한 증거가 없다고 판단하여 모든 청구를 기각하면서 다음과 같은 근거를 제시했습니다.

▶ D 의원의 이전 계획 불확실성

D의원은 확실한 이전 계획을 가지고 있었던 것이 아니라, 다른 건물로의 이전을 내부적으로 검토한 정도에 그쳤으며, 구체적인 이전 계획을 준비하거나 실행했다는 증거가 부족하다고 보았습니다. 따라서 계약 체결 당시 D 의원이 병원을 이전할 계획이 있었다고 단정하기 어렵다고 판단했습니다.

양수 약사의 입장에서 병원이 이전을 고려한다는 이야기를 들은 것만으로도 청천벽력과 같은 이야기일 것입니다. 저의 경우에도 인수하자마자 병원 이전 이야기를 들었지만 계약서상에 이를 특약으로 넣지 못했고 이후 실제로 이전하였지만 상당한 시간이 지난 후였기에 보상을 받을 수는 없었습니다. 요즘 양도양수 계약을 작성하면서 1년 정도의 기한으로 병원의 이전에 관한 특약을 작성하고 있습니다. 이 사건의 경우는 이전을 한다는 이야기만 나온 상태로 실제로 이전을 하지는 않았습니다.

▶ 원고의 신중한 계약 체결

원고는 이미 1년 전에 이 약국을 인수하려고 했던 선배 약사의 소개를 받고 온 것을 보았을 때 약국 조제료나 매약 등의 높은 수익성 등을 고려하여 계약을 체결한 것으로 보입니다. 그리고 병원 이전에 관한 특약을 작성하지 않은 대신 권리금을 약 7억에서 6억 6,500만 원으로 조정하여 계약한 것으로 보아 병원 이전 관련 특약에 대해서는 할 말이 없어 보입니다.

간혹 우리는 보험을 들 때 어떤 일이 발생하지 않으면 비싼 보험료만 지불하는 샘이 되기에 보험 들기를 주저하는 경우가 있습니다. 마찬가지로 여기서 양수 약사님은 수익 좋은 약국을 매수하기 위한 안전장치로 보험을 들지 않은 것으로 보입니다. 어찌되었건 그 보험을 든다 해도 이 사건에서 보상받을 수 있었을 것이라고 생각은 들지 않지만 특약 삽입을 신중하게 검토했으면 어땠을까라는 생각이 듭니다.

▶ 권리금의 적정성

이 부분에 있어서 법원의 판단이 아쉬운데요, 약국의 권리금 책정 시스템상 조제수입을 바탕으로 기본적인 약국 권리금이 형성된다는 사항을 판사가 알지 못한 것 같습니다. 병원이 나간다면 조제료뿐만 아니라 일반매약도 상당한 타격이 있음을 고려하지는 않은 것 같습니다. 하지만 현 상태에서 양 당사자가 협의하여 결정한 금액이니 과다하다고 보기 어렵다고 판단했습니다. 물론 실제로 병원 이전의 이슈가 아니면 권리금 부분은 비싸다고 할 수 없을 것 같습니다.

▶ 피고의 이전 계획 인지 여부 불확실

D 의원이 계약 체결 당시 이전 가능성을 타진하고 있었다고 하더라도, 피고가 그러한 이전 계획 사실을 알았다고 보기 어렵고, 이를 인정할 증거가 없다고 판단했습니다. 또한 약국은 1년 전부터 내놨던 상태이고 더욱이 양수 약사도 이를 조사했을 것으로 보이기 때문입니다.

▶ 원고의 현실적인 손해 부재

그리고 마지막으로 계약 체결 후 2년이 넘는 기간 동안 D 의원은 이전하지 않고 현재까지 기존 위치에서 영업 중이며, 원고도 약국 영업을 계속하고 있으므로, 미래에 어떤 피해가 발생할지는 모르겠지만 현재 양도약사의 고지 의무 위반으로 인해 양수 약사인 원고가 현실적으로 입은 손해가 전혀 없다는 것입니다.

▶ 결론적으로 법원은

단순히 이전 가능성을 검토한 단계만으로 계약을 해지하거나 손해배상의 사유로 인정하기 어렵다는 것을 이야기하고 있습니다. 사실 병원의 이전 문제는 약국 인수 시 가장 큰 관심 요소입니다. 그래서 우리가 약국을 계약할 때 이에 대한 특약을 작성하는 것을 가장 기본으로 하고 있습니다. 위 사건에서 비록 양수 약사가 주장하지 않았더라도 이전 계획이 있다는 것을 알았다면 그리고 이전을 하였다면 인과관계상 계약이 취소가 되었을 것입니다.

하지만 2년이라는 장기간 아무 일이 없었기 때문에 결국 해당 특약은 무의미한 것이 되었습니다. 양수 약사의 입장에서는 이해가 안 가는 판결이겠지만 제가 판단하는 현재 상황이나 양도 약사의 입장에서는 법원의 판결이 합리적인 것이 아닌가 생각됩니다.

양도양수의 경우 병원의 이전 문제는 발생할 확률이 높은 문제인 만큼 항상 계약 체결 전에 충분히 확인하고 신중하게 결정해야 함을 다시 한번 생각하게 하는 사건이 되겠습니다.

13-1. 수억 원 권리금 주고 들어갔는데… 믿었던 약국 인수, 약국 임차권 '꼼수 양도'에 권리금 날리고, 쫓겨나고, 가짜 계약에 날벼락 맞은 약사

대법원 2013. 5. 9. 선고 2012다115120 판결(공2013상, 1032)

사건 요약

1. 사건 개요

이 사건은 원고(약국 인수자)가 피고 1(기존 약국 임차인 및 양도인), 피고 2(공인중개사 사무소 직원), 피고 3(공인중개사 사무소 대표)을 상대로 제기한 손해배상 청구 소송에 대한 대법원 판결입니다. 원심인 서울고등법원이 피고들의 손해배상 책임을 일부 인정하였고, 이에 피고들이 불복하여 상고하였으나 대법원은 이를 모두 기각하여 원심 판결을 확정했습니다.

2. 사건의 쟁점

약국을 운영하던 피고 1이 원고에게 임대인과의 새로운 임대차계약이 정상적으로 체결되지 못하면 계약이 해제되고 권리금을 반환한다는 조건의 권리양도계약을 체결하였습니다. 그러나 피고 1은 임대인을 속여 명의만 원고로 변경된 임대차계약서를 작성받아 원고에게 교부했고, 실제 임차인이 원고임을 알게 된 임대인은 원고에게 계약 해지를 통보하였습니다.

주요 쟁점

가. 권리양도계약의 성격: 권리금 계약과 임차권 양도 계약이 경제적·사실적으로 일체화되어 하나의 계약으로 보아야 하는지 여부.

나. 피고 1의 책임: 피고 1이 임대인의 적법한 동의를 얻어 임차권을 원고에게 이전해야 할 의무를 위반했는지, 그로 인해 원고에게 발생한 손해를 배상할 책임이 있는지 여부.

다. 공인중개사(피고 2, 피고 3)의 책임: 공인중개사 및 직원이 임차권 양도를 중개하면서 중개대상물인 임차권이 상가임대차법의 보호를 받는지 여부(당시 환산보증금 기준으로 보호 대상이 아니었음)를 확인하고 원고에게 설명할 의무가 있는지, 이러한 의무 위반으로 원고가 입은 손해를 배상할 책임이 있는지 여부

판결 원문

원고, 피상고인
원고(소송대리인 변호사)

피고, 상고인
피고 1 외 2인(소송대리인 법무법인)

원심 판결

서울고등법원 2016. 9. 28. 선고 2015나2066340 판결

주문
상고를 모두 기각한다. 상고비용은 피고들이 부담한다.

이유
상고 이유를 판단한다.

1. 피고 1

가. 권리금은 상가건물의 영업시설·비품 등 유형물이나 거래처, 신용, 영업상의 노하우(know-how) 혹은 점포 위치에 따른 영업상의 이점 등 무형의 재산적 가치의 양도 또는 일정 기간 동안의 이용대가이다. 임차권양도

계약에 수반되어 체결되는 권리금계약은 임차권양도계약과는 별개의 계약이지만 위 두 계약의 체결 경위와 계약 내용 등에 비추어 볼 때, 권리금계약이 임차권양도계약과 결합하여 전체가 경제적·사실적으로 일체로 행하여진 것으로서, 어느 하나의 존재 없이는 당사자가 다른 하나를 의욕하지 않았을 것으로 보이는 경우에는 그 계약 전부가 하나의 계약인 것과 같은 불가분의 관계에 있다고 보아야 한다(대법원 2013. 5. 9. 선고 2012다115120 판결 참조).

나. 원심판결에 의하면 다음의 사실을 알 수 있다.
1) 피고 1은 2008. 2. 29. 소유자 소외 1로부터 서울 강남구 (주소 생략)에 있는 이 사건 상가를 2년간 임대차보증금 6,200만 원, 월차임 220만 원에 임차하여(이하 '이 사건 임대차계약'이라 한다), 그 무렵부터 이 사건 약국을 운영하였다. 이후 이 사건 임대차계약은 2년마다 갱신되었다.
2) 피고 1은 2012. 12.경 소외 1에게 부탁하여 이 사건 임대차계약의 임차인 명의를 아들 '소외 2'로 변경하였다.
3) 원고는 2013. 3. 8.경 피고 3 운영의 공인중개사사무소 직원인 피고 2의 중개로 피고 1과 '원고가 피고 1한테서 이 사건 임대차계약에 따른 임차권을 양수하고 이 사건 약국 시설(판매품을 제외한 모든 시설물)을 권리금 3억 8,000만 원에 양수한다'는 내용의 '권리(시설) 양수·양도 계약'(이하 '이 사건 권리양도계약'이라 한다)을 체결하였다. 피고 3은 이 사건 계약서의 '중개업자'란에 서명하였다.
4) 이 사건 권리양도계약 제2조는 '피고 1이 권리 행사를 할 수 있는 상태로 이 사건 상가를 임대차계약 개시 전일까지 원고에게 인도하고, 임차권의 행사를 방해하는 제반 사항을 제거하며, 잔금 수령과 동시에 원고가 즉시

영업을 할 수 있도록 모든 시설과 영업권을 포함하여 인도하여야 한다'고 정하고, 제4조 제3항은 '피고 1이 잔금 지급일 전까지 소유자와 원고 사이에 임대차계약(임차보증금 7,000만 원, 월차임 300만 원을 기준으로 하되 소유자의 요구에 따라 변경될 수 있다고 정함)이 체결되도록 최대한 노력하며, 임대차계약이 정상적으로 체결되지 못하거나 진행되지 못할 경우 이 사건 권리양도계약은 해제되고, 피고 1은 수령한 계약금과 중도금을 원고에게 즉시 반환한다'고 정하고 있다.

5) 이 사건 권리양도계약에 따라, 원고는 피고 1에게 2013. 3. 11. 계약금 4,000만 원, 2013. 4. 9. 중도금 1억 원, 2013. 8. 30. 잔금 중 1억 원, 2013. 8. 31. 2억 200만 원(나머지 잔금 1억 4,000만 원과 임차보증금 6,200만 원을 합한 금액이다)을 지급한 다음 이 사건 상가를 인도받아 2013. 9. 1.경부터 이 사건 약국을 운영하였다.

6) 피고 1은 2013. 8. 27.경 소외 1에게 '이번에도 이 사건 임대차계약의 임차인 명의만 친척인 원고로 변경해 달라'고 부탁하여 소외 1로부터 임차인이 원고로 된 임대차계약서를 작성받아 이를 원고에게 교부하였다.

7) 소외 1은 2014. 1.경 이 사건 상가의 임차인 명의만 변경된 것이 아니라 실제로 원고가 이 사건 상가에서 약국을 운영하는 것을 알고 원고에게 이 사건 상가를 인도하라고 요구하였다. 원고는 소외 1로부터 이 사건 상가의 인도기한을 여러 차례 유예받아 2015. 1. 15.경 이 사건 상가를 인도하고, 남은 임차보증금을 지급받았다.

다. 위에서 본 사실관계에 따르면, 이 사건 권리양도계약에는 이 사건 상가의 영업시설 등의 이전에 따른 권리금계약과 함께 이 사건 임대차계약상의 임차권을 원고에게 이전하는 임차권양도계약이 포함되어 있고, 피고

<u>1이 임차권양도에 관하여 임대인 소외 1의 동의를 얻을 의무는 원고의 권리금 잔금 지급의무와 동시이행 관계에 있다. 원고와 소외 1의 임대차계약이 정상적으로 체결되지 않는 등으로 피고 1이 그 의무를 위반한 경우 이 사건 권리양도계약이 해제되고 권리금으로 받은 돈을 반환하여야 한다는 점이 이 사건 권리양도계약서에 명시되어 있다. 이를 비롯하여 이 사건 권리양도계약의 체결 경위와 계약 내용 등에 비추어, 권리금계약이 임차권양도계약과 결합하여 전체가 경제적·사실적인 일체로 행하여진 것으로서 그 계약 전부가 하나의 계약인 것과 같은 불가분의 관계에 있다고 보아야 한다.</u>

같은 취지의 원심의 판단은 위 법리에 따른 것으로 정당하다. 원심의 판단에 상고이유 주장과 같이 권리금 또는 권리금계약에 관한 법리를 오해한 잘못이 없다.

라. 나아가 원심은 피고 1이 소유자 소외 1을 속여 형식상 임차인 명의가 원고로 된 임대차계약서를 작성받아 이를 원고에게 교부하였을 뿐이어서 이 사건 권리양도계약 제4조 제3항에서 정한 채무를 이행하였다고 볼 수 없고, 그로 인해 <u>원고는 소외 1에게 임차권을 주장하지 못하고 이 사건 상가를 인도할 수밖에 없었으므로,</u> 그로 인해 원고가 입은 손해에 해당하는 권리금 3억 8,000만 원 중 60%를 배상할 책임이 있다고 판단하였다.

원심판결 이유를 관련 법리와 기록에 비추어 살펴보면, 원심의 위와 같은 판단은 정당하다. 원심의 판단에 상고이유 주장과 같이 논리와 경험의 법칙에 반하여 자유심증주의의 한계를 벗어나 사실을 오인하거나 손해배상의 범위에 관한 법리를 오해한 잘못이 없다.

2. 피고 2

피고는 상고장에 상고이유를 기재하지 아니하였고, 적법한 상고이유서 제출기간 내에 상고이유서를 제출하지도 않았다.

3. 피고 3

가. 구 공인중개사의 업무 및 부동산 거래신고에 관한 법률(2014. 1. 28. 법률 제12374호로 개정되기 전의 것) 제25조 제1항, 제2항, 구 공인중개사의 업무 및 부동산 거래신고에 관한 법률 시행령(2014. 7. 28. 대통령령 제25522호로 개정되기 전의 것) 제21조, 제22조, 구 공인중개사의 업무 및 부동산 거래신고에 관한 법률 시행규칙 제16조에 따르면, 중개업자는 중개대상물에 관한 권리를 취득하고자 하는 거래당사자에게 중개가 완성되기 전에 중개대상물의 소유권·전세권·저당권·지상권·임차권 등 권리관계 등을 확인한 후 설명하여야 한다. 공인중개사가 거래당사자에게 교부하는 중개대상물 확인·설명서 서식에는 중개대상물의 권리관계란에 '등기부 기재사항' 이외에 '실제 권리관계 또는 공시되지 아니한 물건의 권리 사항'을 기재하여야 하고, 여기에는 상가건물 임대차보호법(이하 '상가임대차법'이라 한다)에 따른 임대차가 포함된다.

나아가 중개업자가 상가건물에 대한 임차권 양도계약을 중개할 때에는 의뢰인에게 중개대상물인 임차권의 존재와 내용에 관하여 확인·설명할 의무가 있으므로, 상가임대차계약을 중개하는 것에 준해서 임차권의 목적이 된 부동산의 등기부상 권리관계뿐만 아니라 의뢰인이 상가임대차법에서 정한 대항력, 우선변제권 등의 보호를 받을 수 있는 임대차에 해당하는지를 판단하는 데 필요한 상가건물의 권리관계 등에 관한 자료를 확인·설명하여야 할 의무가 있다. 그러므로 중개업자가 고의나 과실로 이러한 의무를 위반하여 의뢰인에게 재산상의 손해를 발생하게 한 때에는 이를 배상할 책임이 있다.

나. 원심은 다음과 같은 이유로 피고 3이 공인중개사이자 직원인 피고 2의 사용자로서 피고 2와 함께 이 사건 권리양도계약을 중개하면서 임차권양도의 대상인 임차권이 상가임대차법에 따른 보호대상인지를 확인하고 이를 원고에게 설명할 의무가 있는데도 이를 위반하였으므로, 그로 인해 원고가 일정 기간 이 사건 약국을 운영하지 못해 입은 손해를 배상할 책임이 있다고 판단하였다.

1) 피고 3의 직원 피고 2가 중개한 이 사건 권리양도계약은 권리금뿐만 아니라 임차권을 양도한다는 내용까지 포함되어 있고, 이 사건 권리양도계약에는 특약사항으로 '본 계약은 임대차계약에 준한다'는 내용이 기재되어 있으며, 피고 3은 위 계약서에 공인중개사로서 서명날인하였다. 따라서 피고 3은 피고 2와 함께 상가임대차계약 체결을 중개하는 것과 같은 정도의 주의의무가 있다.
2) 의뢰인인 원고는 이 사건 권리양도계약 체결 당시 이 사건 임대차계약의 존속 기간에 관심을 보였다.
3) 이 사건 임대차계약은 임대차보증금이 6,200만 원, 월차임이 270만 원으로서 구 상가건물 임대차보호법 시행령(2013. 12. 30. 대통령령 제25036호로 개정되기 전의 것) 제2조 제2항, 제3항에 따라 환산보증금

은 3억 3,200만 원(= 임대차보증금 6,200만 원 + 월차임 270만 원 × 100)이 되어 상가임대차법의 보호대상에 포함되지 않는다. 피고 3, 피고 2는 당시 이와 같은 내용을 확인하였는데도 원고에게 이를 설명하지 않았다.

4) 이 사건 계약에서 정한 권리금 액수가 3억 8천만 원이다. 만일 원고가 피고 3, 피고 2에게서 위와 같은 설명을 들었다면 이 사건 권리양도계약을 체결하지 않았거나 보다 적은 금액으로 권리금을 정하였을 것으로 보인다.

다. 원심판결의 이유를 위 법리와 기록에 비추어 살펴보면, 판단 이유에 다소 적절하지 않은 부분이 있으나 피고 3의 원고에 대한 손해배상책임을 인정한 원심의 판단은 정당하다. 원심의 판단에 상고이유 주장과 같이 논리와 경험의 법칙에 반하여 자유심증주의의 한계를 벗어나 사실을 오인하거나 부동산중개업자의 중개목적물에 관한 권리관계의 확인·설명의무의 범위, 확인·설명의무 위반과 원고의 손해와 사이의 인과관계에 관한 법리를 오해한 잘못이 없다.

4. 결론

피고들의 상고는 이유 없어 이를 모두 기각하고, 상고비용은 패소자들이 부담하기로 하여, 관여 대법관의 일치된 의견으로 주문과 같이 판결한다.

개국 약사를 위한 판결의 의미와 해석

피고1 양도 약사는 강남에서 약국을 운영하다 원고 양수 약사에게 약국을 넘기게 되었습니다. 2012년 12월경 임대인에게 임대차계약 임차인 명의를 아들로 변경해 달라고 요청했던 적이 있었습니다. 중간에 왜 변경하였는지 모르겠지만 상가임대차보호법의 보호를 받기 위함이 아니었을까라는 추측을 해 볼 뿐입니다. 이후 피고1 양도 약사는 13년 3월 8일경 공인중개사의 직원(최종 중개 사인은 공인중개사가 했다)의 중개로 권리금 3억 8천만 원에 권리 계약을 체결했습니다. 그리고 2013년 9월 1일부터 약국을 운영하였습니다.

▶ 권리계약서상 특약

양도 약사가 권리에 문제가 없는 상태로 양수 약사에게 임대차계약 시까지 인계 인수하고, 약국을 바로 영업할 수 있도록 하는 특약을 작성하였습니다. 우리가 일반적으로 약국 양도양수 시 작성하고 있는 기본 사항으로 약국에 어떠한 문제가 없이 임대인과 임차계약을 작성해야 하고 그렇지 않은 경우에는 권리계약을 취소하고 환불한다는 조건을 작성하는 것과 동일한 의미의 특약이었습니다.

임대차계약을 잘 마무리하고 약국을 운영하던 양수 약사는 임대인으로부터 갑작스러운 임대 해지 통보를 받게 됩니다. 이유는 양수 약사가 임대인을 속이고 계약서를 작성하고 이것을 이용해 양도 약사와 계약을 했다는 것입니다. 즉, 이전에 아들 명의로 임차인 명의를 변경한 것처럼 이번에도 임대인과 직접 계약 변경이 아닌 단순 명의만 변경하는 것처럼 했던 것입니다.

양도 약사는 2013. 8. 27.경 임대인에게 '이번에도 이 사건 임대차계약의 임차인 명의만 친척인 원고로 변경해 달라'고 부탁하여 임대인으로부터 임차인이 양수 약사로 된 임대차계약서를 작성하여 전달하였다.

▶ **양도 과정에서의 두 가지 의문점**

1. 왜? 양도 약사는 임대인에게 양도양수 계획을 알리지 않았을까?
2. 어떻게? 양수 약사는 양도 약사가 준 계약서만을 믿고 임대인과 임대차계약서를 작성하지 않았을까?

1번에 대한 의문 양도 약사가 임대인에게 권리금을 알리지 않기 위해? 아니면 계약이 파기될까 봐? 이유는 여기서 알 수는 없습니다. 하지만 양수 약사는 절대 임대인을 만나지 않고 임대차계약을 진행하면 절대 안 된다는 사실을 이 사건으로 확실히 아실 수 있으셨을 것입니다. 기본 중의 기본으로 '반드시 임대인을 확인하고 임대인과 임대차계약을 작성해야 한다'는 사실입니다. 설령 대리인이 나온다고 하더라도 이 부분은 확실히 하고 넘어가셔야 이런 황당한 일을 겪지 않을 수 있습니다. 최근 당근 앱에서 부동산 직거래가 사기가 많다고 합니다. 예로 남의 집 비밀번호를 알아낸 후 광고하고 연락 온 사람에게는 문자로 집 비번을 알려 주어 집을 보게 한 후 마음에 들면 계약금을 입금하라고 하고는 사라진다고 합니다. 임대인도 모르는 이런 사기가 벌어진다는 것입니다. 임차인의 의무는 반드시 임대인을 확인하는 것입니다.

대법원까지 간 이 사건은 권리금 3억 8,000만 원에 대해
1. 임대인을 속인 양도 약사가 60%의 손해배상

2. 양수 약사에게 권리관계, 임대차관계 등 중개대상물에 대한 확인과 설명을 해야 함에도 불구하고 이를 고지하지 않은 공인중개사가 20%의 손해배상 판결을 내렸습니다.

결국 나머지 20%는 임대인을 확인하지 않은 양수 약사의 책임임을 판결한 것입니다. 양수 약사는 입지 않아도 될 억대의 손해를 본 것입니다.

[위 판결 내용만으로 여러 가지 해결되지 않은 의문점이 있어 아래 고등법원의 판결문을 추가로 확인하여 의문을 풀어 보도록 하겠습니다.]

13-2. 위 소송에 대한 원 소송 판결

서울고등법원 2016. 9. 28. 선고 2015나2066340 판결 [손해배상(기)]

사건 요약

사건의 내용은 위 14-1과 동일합니다.

판결 원문

원고, 항소인

원고

피고, 피항소인

피고 1 외 3인

제1심 판결

서울중앙지방법원 2015. 10. 30. 선고 2014가합515682 판결

변론 종결

2016. 9. 7.

주문

1. 당심에서 변경 또는 추가된 청구를 포함하여, 제1심판결을 다음과 같이 변경한다.

가. 원고에게,

1) 피고 1은 2억 2,800만 원과 이에 대하여 2016. 3. 10.부터 2016. 9. 28.까지 연 5%, 그다음 날부터 다 갚는 날까지 연 15%의 각 비율로 계산한 돈을,

2) 피고 3(대판: 피고 2), 피고 4(대판: 피고 3)는 피고 1과 공동하여 위 돈

중 7,600만 원과 이에 대하여 2015. 1. 15.부터 2016. 9. 28.까지 연 5%, 그다음 날부터 다 갚는 날까지 연 15%의 각 비율로 계산한 돈을, 각 지급하라.

나. 원고의 피고 1, 피고 3, 피고 4에 대한 나머지 청구와 피고 2(대판: 소외 2)에 대한 청구를 모두 기각한다.

2. ① 원고와 피고 1 사이에 생긴 소송총비용 중 2/5는 원고가, 나머지는 피고 1이 부담하고, ② 원고와 피고 3, 피고 4 사이에 생긴 소송총비용 중 4/5는 원고가, 나머지는 피고 3, 피고 4가 부담하며, ③ 원고와 피고 2 사이에 생긴 소송총비용은 원고가 부담한다.

3. 제1의 가항은 가집행할 수 있다.

청구 취지

1. 주위적 청구 취지

피고들은 공동하여 원고에게 4억 원과 그중 5,000만 원에 대하여 2013. 3. 11.부터, 1억 원에 대하여 2013. 4. 9.부터, 300만 원에 대하여 2013. 6. 25.부터, 250만 원에 대하여 2013. 8. 19.부터, 1억 원에 대하여 2013. 8. 30.부터, 1억 4,000만 원에 대하여 2013. 8. 31.부터, 450만 원에 대하여 2013. 9. 29.부터 각 이 사건 소장 부본 송달일까지 연 5%, 그다음 날부터 2015. 9. 30.까지 연 20%, 그다음 날부터 다 갚는 날까지 연 15%의 각 비율로 계산한 돈을 지급하라.

2. 예비적 청구 취지

원고에게,

가. 피고 1은 3억 8,000만 원과 그중 4,000만 원에 대하여 2013. 3. 11.부터, 1억 원에 대하여 2013. 4. 9.부터, 1억 원에 대하여 2013. 8. 30.부터, 1억 4,000만 원에 대하여 2013. 8. 31.부터 각 이 사건 소장 부본 송달일까지 연 5%, 그다음 날부터 2015. 9. 30.까지 연 20%, 그다음 날부터 다 갚는 날까지 연 15%의 각 비율로 계산한 돈을 지급하고,

나. 피고 3, 피고 4는 공동하여 1,000만 원과 그중 300만 원에 대하여 2013. 6. 25.부터, 250만 원에 대하여 2013. 8. 19.부터, 450만 원에 대하여 2013. 9. 29.부터 각 이 사건 소장 부본 송달일까지 연 5%, 그다음 날부터 2015. 9. 30.까지 연 20%, 그다음 날부터 다 갚는 날까지 연 15%의 각 비율로 계산한 돈을 지급하라.

항소 취지

제1심판결을 취소한다. 피고들은 공동하여 원고에게 4억 원과 그중 5,000만 원에 대하여 2013. 3. 11.부터, 1억 원에 대하여 2013. 4. 9.부터, 300만 원에 대하여 2013. 6. 25.부터, 250만 원에 대하여 2013. 8. 19.부터, 1억 원에 대하여 2013. 8. 30.부터, 1억 4,000만 원에 대하여 2013. 8. 31.부터, 450만 원에 대하여 2013. 9. 29.부터 각 이 사건 소장 부본 송달일까지 연 5%, 그다음 날부터 다 갚는 날까지 연 20%의 각 비율로 계산한 돈을 지급하라.

이유

1. 기초 사실

가. 이 사건 계약의 체결

1) 피고 1은 2008. 2. 29. 서울 강남구 (주소 생략) 소재 ○○빌딩(이하 '이 사건 건물'이라 한다) 소유자인 소외 1과 '피고 1이 2년간 이 사건 건물 1층 ◇◇◇호를 임대차보증금 6,200만 원, 월차임 220만 원에 임차한다'는 내용의 임대차계약(이하 '이 사건 임대차계약'이라 한다)을 체결한 뒤, 여기에서 '△△△약국'이라는 상호의 약국(이하 '이 사건 약국'이라 한다)을 운영하였다. 임대차기간이 만료될 때마다 피고 1과 소외 1은 임대차기간을 2년으로 하여 이 사건 임대차계약을 갱신하였다.

2) 피고 1은 2012. 12.경 소외 1에게 부탁하여 이 사건 임대차계약의 임차인 명의를 아들인 '피고 2'로 변경하였다.

3) 원고는 2013. 3. 8.경 피고 4 운영의 공인중개사사무소 직원인 피고 3의 중개로 피고 1과 '원고가 피고 1한테서 이 사건 임대차계약에 따른 임차권을 양수하고 이 사건 약국 운영권을 권리금 3억 8,000만 원에 양수한다'는 내용의 '권리(시설) 양수·양도 계약(이하 '이 사건 계약'이라 한다)을 체결하였다. 피고 4는 이 사건 계약서의 '중개업자'란에 서명하였다.

권리(시설) 양수·양도 계약서

1. 부동산의 표시(생략)

2. 계약 내용
제1조(목적) 위 부동산에 대하여 피고 1과 원고는 합의에 의하여 다음과 같이 권리양수도 계약을 체결한다.

총 권리금	3억 8,000만 원
계 약 금	4,000만 원 계약 시에 지불하고 영수함
중 도 금	1억 원 2013. 4. 9.에 지불
잔 금	2억 4,000만 원 2013. 8. 30.에 지불
양도 범위	판매품을 제외한 모든 시설물

제2조(임차물의 양도) 피고 1은 위 부동산을 권리 행사를 할 수 있는 상태로 하여 임대차계약 개시 전일까지 원고에게 인도하며, 피고 1은 임차권의 행사를 방해하는 제반 사항을 제거하고, 잔금 수령과 동시에 원고가 즉시 영업할 수 있도록 모든 시설 및 영업권을 포함 인도하여 주어야 한다. 다만 약정을 달리한 경우에는 그러하지 아니하다.

제3조(수익 및 조세의 귀속)(생략)

제4조(계약의 해제) ① 원고가 중도금(중도금 약정이 없을 때는 잔금)을 지불하기 전까지 피고 1은 계약금의 배액을 배상하고, 원고는 계약금을 포기하고 본 계약을 해제할 수 있다.
② 피고 1 또는 원고가 본 계약상의 내용에 대하여 불이행이 있을 경우, 그 상대방은 불이행한 자에 대하여 서면으로 최고하고 계약을 해제할 수 있다. 그리고 그 계약당사자는 계약 해제에 따른 위약금을 각각 상대방에게 청구할 수 있으며, 계약금을 위약금의 기준으로 본다.
③ 피고 1은 잔금 지급일 전까지 소유자와 아래의 '임대차계약 내용'(소유자의 요구에 따라 변경될 수 있음)을 기준으로 소유자와 원고 간에 임대차계약이 체결되도록 최대한 노력하며, 임대차계약이 정상적으로 체결되지 못하거나 진행되지 못할 경우 본 권리양수도 계약은 해제되고, 피고 1이 수령한 계약금 및 중도금은 원고에게 즉시 반환한다.

제5조(용역수수료) 중개업자는 계약당사자 간 채무불이행에 대해서 책임을 지지 않는다. 또한, 용역수수료는 본 계약의 체결과 동시에 원고가 양수대금의 0.9%, 피고 1이 양도대금의 0.9%를 지불하며, 중개업자의 고의나 과실 없이 계약당사자 간의 사정으로 본 계약이 해제되어도 용역수수료를 지급한다. 단, 본 계약 제4조 제3항의 사안으로 인하여 계약이 해제되는 경우에는 용역수수료를 지급하지 아니한다.

> 3. 양도·양수할 대상 물건의 임대차계약 내용
> ○ 임차보증금 7,000만 원
> ○ 월차임 300만 원

4) 이 사건 계약에 따라, 원고는 피고 1에게 2013. 3. 11. 계약금 4,000만 원, 2013. 4. 9. 중도금 1억 원, 2013. 8. 30. 잔금 중 1억 원, 2013. 8. 31. 합계 2억 200만 원(= 나머지 잔금 1억 4,000만 원 임차보증금 6,200만 원)을 지급한 뒤, 2013. 9. 1.경부터 이 사건 약국을 운영하였다.

5) 피고 3의 요구에 따라, 원고는 피고 4명의 계좌로 2013. 6. 25. 300만 원, 소외 3명의 농협 계좌로 2013. 8. 19. 250만 원, 2013. 9. 29. 200만 원 등 합계 750만 원을 송금하였다.

나. 이후의 경과

1) 사실과 달리 피고 1은 2013. 8. 27.경 소외 1에게 '이번에도 이 사건 임대차계약의 임차인 명의만 친척인 원고로 변경해 달라'고 부탁하였다. 소외 1은 단지 임차인 명의만 형식상 변경하는 것으로 알고 '임차인이 원고'로 된 다음과 같은 내용의 '임대차계약서'(이하 '원고 명의 임대차계약서'라 한다)에 서명날인하였다.

> ○ 임차보증금 6,200만 원
> ○ 월정임차료 270만 원
> ○ 임대차기간 2013. 8. 27.~2014. 2. 27.
>   2014. 2. 27. 재계약하기로 함

2) 소외 1은 2014. 1.경 이 사건 약국에서 약을 사는 기회에 우연히 '단순히 임차인 명의만 변경된 것이 아니라 원고가 실제로 이 사건 약국을 운영한다'는 사실을 처음 알게 되었다. 이후 원고와 소외 1은 2014. 2. 25.경 다음과 같은 내용의 '임대차계약 만기에 따른 명도 확약서'를 작성하였다(이하 '이 사건 확약서'라 한다).

임대차계약 만기에 따른 명도 확약서

이 사건 건물 1층 ◇◇◇호(주2)의 임대차계약에 있어 임대인 소외 1, 임차인 원고는 아래와 같이 임대차만기에 따른 명도에 관하여 확약하도록 한다.

1. 대상물의 표시
임대차 목적물 이 사건 건물 1층 ◇◇◇호

임대차기간	2013. 8. 27.~2014. 2. 27.
임대보증금	6,200만 원
월 임대료	270만 원(부가가치세 별도)
월 관리비	8만 원(부가가치세 별도)

2. 확인내용
1) '1. 대상물의 표시' 기재 임대차계약은 소외 1이 전 임차인(피고 2)으로부터 전 임차인의 임대차기간 범위 내에서 형식상 계약 명의변경을 요청받고 이에 따라 형식상 명의변경만을 목적으로 작성한 계약(추후 별첨: 사

> 실확인서 사본)으로서, 2014. 2. 27. 임대차가 종료될 예정에 있고, 본 건물에 관하여 철거 및 신축이 예정되어 있으며, 이를 목적으로 현재 매수자와 매매계약이 진행되고 있음에 따라 소외 1은 원고와 임대차계약을 체결하지 않기로 하고, 원고는 2014. 2. 27. 본 임대차계약 만기 시 소외 1에게 즉시 임차목적물을 명도하기로 확약한다.
>
> 2) 원고는 본 임대차목적물에 대하여 임대차계약 만기에 따라 2014. 2. 27.까지 임대차목적물을 소외 1에게 인도하여야 하나 소외 1은 원고의 명도 시간을 감안하여 명도기일을 2014. 5. 31.까지 연장해 주기로 한다.
>
> 3) 원고는 위 2항 명도기일 2014. 5. 31.까지의 임대료 및 관리비, 제세공과금(전기, 수도, 가스, 기타 등) 미납액 등을 모두 정산하기로 하며, 소외 1은 정산 확인 후 원고에게 보증금을 반환하기로 한다.
>
> 4) 소외 1과 원고는 상기 내용을 확인 및 확약하였으며, 이와 관련하여 어떠한 민·형사상 이의를 제기하지 않기로 한다.
>
> ◇◇◇호주

3) 소외 1은 이후 3차례 인도기한을 연장해 주었다. 이 사건 건물은 2015. 1.경 제3자에게 매각되었고, 이 사건 확약서에 따라 원고는 2015. 1. 15.경 소외 1에게 이 사건 약국을 인도하였다.

2. 제1심판결의 인용

'제1심판결 제4쪽 12번째 줄부터 제11쪽 18번째 줄까지 부분'은 이 법원이 이 사건에 기재할 이유와 같으므로, 민사소송법 제420조 본문에 따라 그대로 인용한다(나아가 피고 1, 피고 3 등이 '팔릴 가능성이 굉장히 적다'라고 기망하였다는 등의 원고 주장 역시 원고 제출 증거만으로는 인정하기 어렵다. 또한, 뒤에서 인정하는 외에 달리 피고들의 책임을 인정할 만한 사유를 찾을 수 없다).

3. 피고 1에 대한 추가주장(채무불이행 주장)에 관한 판단

가. 당사자의 주장

1) 원고

이 사건 계약에 따라 피고 1은 원고에게 '원고가 이 사건 약국에 관하여 소외 1과 정상적으로 임대차계약을 체결하게 할 의무'를 부담한다. 그러나 피고 1은 소외 1에게 이 사건 임대차계약의 임차인 명의만 형식적으로 변경해 달라고 부탁하였을 뿐, 위 의무를 이행하지 않았다. 따라서 피고 1은 원고에게 손해배상금으로 이 사건 계약에 따른 권리금 3억 8,000만 원과 이에 대한 지연손해금을 지급해야 한다.

2) 피고 1

피고 1은 소외 1과 원고 명의 임대차계약서를 새로이 작성하였고, 실제로 원고가 이 사건 약국에서 계속 영업을 하였으므로, 위 의무를 이행하였다.

나. 판단

1) 피고 1의 채무불이행

피고 1은 이 사건 계약 제4조 제3항에 따라 '<u>원고가 이 사건 약국에 관하여 소외 1과 정상적으로 새로이 임대차계약을 체결하게 할 의무</u>'를 부담한다. 이 사건 계약은 '임차권양도계약과 권리금계약이 불가분하게 결합된 것'

이고, 권리금계약은 유효한 임차권 등 건물사용권한을 전제로 한다는 점에서, 피고 1의 위 의무는 이 사건 계약의 본질적인 내용에 속한다.

피고 1이 원고 명의 임대차계약서를 작성한 사실은 인정되지만, 앞서 채택한 증거나 앞서 인정한 사실에 나타난 다음 사정을 고려하면, 피고 1은 위 의무를 이행하지 않았다고 보는 것이 타당하다. 따라서 피고 1은 이 사건 계약의 불이행으로 인한 손해배상책임을 부담한다.

가) 피고 1은 2012. 12.경 임차인 명의를 '피고 2'로 변경한 적이 있지만, 당시 피고 1과 소외 1은 '단지 편의상 임차인 명의만을 바꾸는 것일 뿐 실제 임차인은 피고 1이다'라는 의사로 임차인 명의를 바꿨다. 이후 피고 1은 원고 명의 임대차계약서를 작성할 때에도 소외 1에게 '전에 임차인 명의를 아들인 피고 2로 변경한 것처럼 이번에도 임차인 명의만 친척인 원고로 변경해 달라'라고 부탁하였을 뿐, 원고와 이 사건 계약을 체결하였다거나 임차권을 양도하였다는 사실은 얘기하지 않았다. 소외 1 역시 '종전과 같이 편의상 임차인 명의만을 바꿀 뿐 여전히 피고 1이 임차인이다'는 의사로 원고 명의 임대차계약서에 서명날인하였다.

결국, 원고 명의 임대차계약서 작성 당시 피고 1과 소외 1 사이에 '이 사건 임대차계약의 임차인을 원고로 변경한다'는 의사합치는 없었다.

나) 소외 1은 이 사건 계약 이후 한참 지난 2014. 1.경 우연히 이 사건 약국을 방문하는 기회에 '이 사건 임대차계약의 임차권이 양도되었다는 사실'을 알았을 뿐이다. 소외 1은 이 사건 건물을 양도할 계획이었기 때문에, 이 사건 임대차계약의 임차권 양도에 동의하지 않거나 이 사건 임대차계약과 같은 조건으로는 임대차계약을 체결할 의사가 없었다.

다) 소외 1이 임차권 양도 사실을 알고도 원고에게 일정 기간 약국 영업을

허락한 사실은 앞서 본 바와 같다. 그러나 ① 소외 1이 원고와 새로이 임대차계약을 체결하지는 않았던 점, ② 이 사건 확약서에서도 원고 명의 임대차계약서에 관하여 '형식상 계약 명의변경을 요청받고 이에 따라 형식상 명의변경만을 목적으로 작성한 계약'이라는 문구를 기재하거나 '소외 1은 원고와 임대차계약을 체결하지 않기로 하고'라는 문구를 기재하였던 점, ③ 소외 1이 원고와 대화를 나눌 때도 '원고가 피고 1한테서 사기를 당한 것이다'라는 취지의 얘기를 하였던 점 등을 종합하면, 이는 단지 거액의 권리금을 잃게 된 원고를 배려한 것에 불과하다.

2) 손해배상의 범위

권리금은 영업용 건물의 영업시설·비품 등 유형물이나 거래처, 신용, 영업상의 노하우(know-how) 혹은 점포 위치에 따른 영업상의 이점 등 무형의 재산적 가치의 양도 또는 일정 기간의 이용대가이다. 임차인은 임차권의 양도 또는 전대차 기회에 부수하여 위와 같은 권리를 다른 사람에게 양도하거나 다른 사람으로 하여금 일정 기간 이용하게 함으로써 권리금 상당액을 회수할 수 있다(대법원 2011. 1. 27. 선고 2010다85164 판결 참조).

앞서 본 것처럼 권리금은 유효한 건물사용권한을 전제로 한다. 그러나 피고 1의 채무불이행으로 원고는 위와 같은 권한을 취득하지 못하였다. 또한, 원고가 소외 1에게 임차인의 지위를 주장하지 못한 채 이 사건 약국을 인도하는 바람에 권리금계약에 따른 권리를 종국적으로 취득하지 못하였거나, 상실하였다. 원고가 소외 1의 배려로 일정 기간 이 사건 약국을 운영하였다 하더라도, 이용기간 만큼 위와 같은 무형의 가치 등이 감소되는 것은 아니다.

따라서 피고 1의 채무불이행으로, 원고는 이 사건 약국에 관한 권리금 상당액인 3억 8,000만 원의 손해를 입었다고 보는 것이 타당하므로, 피고는 원고에게 손해배상금으로 위 돈과 이에 대한 지연손해금을 지급할 의무가 있다.

3) 손해배상책임의 제한

앞서 인정한 사실에 나타난 사정, 즉 ① 원고 역시 이 사건 계약 체결일(2013. 3. 8.)부터 이 사건 약국을 운영하기 시작한 때까지 '이 사건 계약 체결에 관하여 소외 1의 동의 또는 승낙이 있었는지' 충분히 확인할 수 있었는데도 확인하지 않았던 점, ② 소외 1의 배려로 원고가 상당한 기간[2013. 9. 1.경부터 2015. 1. 15.경까지(약 16.5개월)] 이 사건 약국을 운영하였던 점 등을 종합하면, 피고 1의 책임 범위를 60%로 제한하는 것이 타당하다.

4) 소결론

따라서 피고 1은 원고에게 손해배상금으로 2억 2,800만 원(= 3억 8,000만 원 × 60%)과 이에 대하여 원고가 채무불이행을 원인으로 한 손해배상을 청구원인으로 추가한 '2016. 3. 9. 자 청구 취지 및 청구원인 변경신청서' 송달 다음 날인 2016. 3. 10.부터 피고 1이 이행의무의 존부와 범위에 관하여 항쟁함이 타당하다고 인정되는 이 사건 당심판결 선고일인 2016. 9. 28.까지 민법에서 정한 연 5%, 그다음 날부터 다 갚는 날까지 원고의 구하는 바에 따라 소송촉진 등에 관한 특례법에서 정한 연 15%의 각 비율로 계산한 지연손해금을 지급할 의무가 있다.

4. 피고 3, 피고 4에 대한 추가주장에 관한 판단

가. 상가건물 임대차보호법 적용 여부에 관한 고지의무 위반의 점

1) 원고의 주장

이 사건 임대차계약은 상가건물 임대차보호법(이하 '상가임대차법'이라 한다)에 따라 보호되지 않는데도, 공인중개사인 피고 4의 중개보조인인 피고 3은 이를 제대로 확인한 후 설명하지 않았다. 따라서 위와 같은 확인·설명의무 위반으로 원고가 이 사건 계약을 체결하였던 이상, 위 피고들은 원고에게 손해배상금(권리금, 중개수수료) 및 위자료 등 합계 4억 원과 이에 대한 지연손해금을 지급할 의무가 있다.

2) 판단

가) 손해배상책임의 발생

(1) 피고 3, 피고 4의 확인·설명의무

(가) 구 공인중개사의 업무 및 부동산 거래신고에 관한 법률(2014. 1. 28. 법률 제12374호로 개정되기 전의 것, 이하 '구 공인중개사법'이라고만 한다) 제25조 제1항, 제2항, 구 공인중개사의 업무 및 부동산 거래신고에 관한 법률 시행령(2014. 7. 28. 대통령령 제25522호로 개정되기 전의 것) 제21조, 제22조, 구 공인중개사의 업무 및 부동산 거래신고에 관한 법률 시행규칙 제16조에 따르면, 중개업자는 중개대상물에 관한 권리를 취득하고자 하는 거래당사자에게 중개가 완성되기 전에 중개대상물의 소유권·전세권·저당권·지상권 및 임차권 등 권리관계 등을 확인한 후 설명하여야 한다. 공인중개사가 거래당사자에게 교부하는 중개대상

물 확인·설명서 서식에는 중개대상물의 권리관계란에 '등기부 기재사항' 이외에 '실제 권리관계 또는 공시되지 아니한 물건의 권리 사항'을 기재하여야 하고, 여기에는 상가임대차법에 따른 임대차가 포함된다. 국토교통부장관이 정한 상가건물 임대차 표준계약서에는 환산보증금을 기재하고 상가임대차법 적용 여부를 표시하게 되어 있다.

이와 같이 구 공인중개사법 등이 중개업자의 중개대상물에 대한 확인·설명의무의 내용과 방법을 상세히 정한 것은 공정하고 투명한 부동산거래질서를 확립하여 국민의 재산권을 보호하는 데 입법 취지가 있다(대법원 2012. 1. 26. 선고 2011다63857 판결 취지 참조).

(나) ① 비록 '권리금 수수를 중개하는 행위'가 구 공인중개사법에서 정한 중개행위에 해당하지 않는다 하더라도, 이 사건 계약은 권리금뿐만 아니라 임차권을 양도한다는 내용까지 포함되어 있어서 관련 법령에서 공인중개사에게 엄격한 권리 확인·설명의무를 부여하는 취지는 이 사건에서도 그대로 적용되는 점, ② 임차권 양수인은 임대차계약의 존속 기간, 임대차계약 종료 이후 임차건물의 양수인에게 임대차계약을 주장할 수 있는지, 상가임대차법에 따라 임대차보증금 반환채권을 강력하게 보호받는지 등에 큰 관심을 두는 것이 일반적인 점, ③ 이 사건 계약에서 정한 권리금 액수, 이 사건 계약 체결 당시와 그 이후 원고가 이 사건 임대차계약의 존속 기간에 보인 관심의 정도, ④ 이 사건 계약서에는 '이 사건 계약은 임대차계약에 준한다'는 내용이 기재되었고, 피고 4가 여기에 서명 날인하였던 것으로 보아, 피고 3, 피고 4 역시 상가임대차계약 체결을 중개하는 것과 같은 정도의 주의의무를 부담한다고 보는 것이 타당한 점 등을 종합하면, 피고 3, 피고 4는 이 사건 계약을 중개하면서 '이 사건 임대차계약이 상가임대차법에 따라 보호받는지' 확인한 뒤 원고에게

설명할 의무를 부담한다고 보는 것이 타당하다.

(2) 피고 3, 피고 4의 확인·설명의무 위반

(가) 이 사건 임대차계약의 임대차보증금이 6,200만 원, 월차임이 270만 원이었다는 사실은 앞서 본 바와 같다. 상가임대차법 제2조 제2항, 구 상가건물 임대차보호법 시행령(2013. 12. 30. 대통령령 제25036호로 개정되기 전의 것, 이하 '구 상가임대차법 시행령'이라 한다) 제2조 제2항, 제3항에 따라 이 사건 임대차계약의 환산보증금을 계산하면 3억 3,200만 원(= 임대차보증금 6,200만 원 + 월차임 270만 원 × 100)인데, 이는 구 상가임대차법 시행령 제2조 제1항 제1호에서 보호대상으로 삼는 기준 보증금인 3억 원을 초과한다. 따라서 이 사건 임대차계약은 상가임대차법의 보호대상에 포함되지 않는다.

그런데 피고 3, 피고 4가 '이와 같은 내용을 확인한 후 원고에게 설명하지 않았던 사실'을 자인한다.

(3) 앞서 인정한 사실에 나타난 제반 사정, 즉 ① 원고가 이 사건 계약 체결 당시 및 그 이후 이 사건 임대차계약에서 정한 임대차기간에 큰 관심을 보였던 점, ② 이 사건 계약에서 정한 권리금이 거액인 점, ③ 일반적인 거래 관행 등을 종합하면, <u>원고는 피고 3, 피고 4한테서 위와 같은 설명을 들었다면 이 사건 계약을 체결하지 않았거나 권리금을 이 사건 계약에서 정한 것보다 적은 금액으로 정하였을 것으로 보인다.</u>

따라서 피고 3, 피고 4의 위와 같은 확인·설명의무 위반과 원고가 일정 기간 이 사건 약국을 운영하지 못해 입은 손해 발생 사이에 상당인과관계도 인정된다.

결국, 피고 3은 위와 같은 확인·설명의무위반, 피고 4는 확인·설명의무위반 또는 피고 3의 사용자로서 원고에게 앞서 본 손해 등을 배상할 책임을 부담한다(손해배상책임을 인정하는 이상, 별도로 위자료 지급책임은 인정하지 않는다).

나) 손해배상책임의 제한

(1) 관련 법리

중개업자가 부동산거래를 중개하면서 거래관계 등을 조사·확인할 의무를 다하지 못함으로써 중개의뢰인에게 발생한 손해에 대한 배상범위를 정하는 경우, 중개의뢰인에게 거래관계를 조사·확인할 책임을 게을리한 부주의가 인정되고 그것이 손해 발생 및 확대의 원인이 되었다면, 피해자인 중개의뢰인에게 과실이 있는 것으로 보아 과실상계를 할 수 있다고 보아야 하고, 이것이 손해의 공평부담이라는 손해배상제도의 기본원리에 비추어 볼 때에도 타당하다(대법원 2012. 11. 29. 선고 2012다69654 판결 취지 등 참조). 위와 같은 법리는 권리금을 중개하는 과정에서 발생한 손해에 대해서도 적용된다고 보는 것이 타당하다.

(2) 이 사건의 경우

앞서 인정한 사실에 나타난 사정, 즉 ① 원고 역시 이 사건 계약을 체결한 때부터 권리금을 모두 지급할 때까지 이 사건 약국의 임대차관계나 상가임대차법 적용 여부 등을 충분히 확인할 수 있었던 점, ② 원고가 이 사건 건물의 소유자와 전혀 연락하지 않고 피고 1만 믿고 이 사건 계약을 체결하였던 점, ③ 피고 3, 피고 4가 받은 중개수수료가 많지 않은 점, ④ 원고가 약 16.5개월 동안 이 사건 약국을 운영하였던 점 등을 종합하면, 피고 3, 피고 4의 손해배상책임을 20%로 제한하는 것이 타당하다.

3) 소결론

따라서 피고 3, 피고 4는 공동하여 원고에게 확인·설명의무위반 또는 사용자로서 손해배상금으로 7,600만 원(= 3억 8,000만 원 × 20%)과 이에 대하여 원고에게 현실적으로 손해가 발생한 2015. 1. 15.(원고가 소외 1에게 이 사건 약국을 인도한 날)부터 위 피고들이 이행의무의 존부와 범위에 관하여 항쟁함이 타당하다고 인정되는 이 사건 당심판결 선고일인 2016. 9. 28.까지 위 연 5%, 그다음 날부터 다 갚는 날까지 위 연 15%의 각 비율로 계산한 지연손해금을 지급할 의무가 있다[동일한 사실관계에 기초하여 발생한 동일한 손해에 대한 배상책임이라는 점에서, 피고 3, 피고 4는 피고 1과 공동하여 손해배상책임을 부담한다고 보는 것이 타당하다(대법원 2006. 9. 8. 선고 2004다55230 판결의 취지 참조)].

나. 구 공인중개사법 위반의 점

원고는 '피고 3이 구 공인중개사법 제33조 제6호에서 금지하는 쌍방대리를 하였거나, 구 공인중개사법 제19조에서 금지하는 중개사무소등록증을 대여받아 이 사건 계약을 중개하였다. 따라서 위 중개계약은 무효이므로, 피고 3, 피고 4는 원고한테서 받은 중개수수료를 반환할 의무가 있다'고 주장하거나, 이로 인한 손해배상을 구한다.

이 사건 계약은 계약당사자인 원고와 피고 1이 직접 체결한 것이고 피고 3은 단지 이 사건 계약을 중개한 것에 불과하므로, 이와 전제를 달리하는 원고의 위 주장은 이유 없다. 또한, 피고 3이 등록증을 대여받았다고 인정할 만한 아무런 증거가 없는 이상, 위 주장 역시 이유 없다.

5. 결론

그렇다면 원고의 피고 1, 피고 3, 피고 4에 대한 청구는 위 인정 범위 내에서 이유 있어 인용하고, 나머지 청구는 기각하며, 원고의 피고 2에 대한 청구는 이유 없어 기각해야 한다. 따라서 제1심 판결은 이와 일부 결론을 달리하여 부당하므로, 당심에서 추가되거나 변경된 청구를 포함하여 제1심판결을 변경하기로 하여, 주문과 같이 판결한다.

개국 약사를 위한 판결의 의미와 해석 2

처음 대법원의 사건 판결 내용을 보면서 들었던 의문점들은 위 판결문을 보면서 대부분 이해했을 것으로 생각됩니다.

1. 왜? 양도 약사는 임차인 변경을 자기 아들로 하고, 이후에도 그런 방식으로 임대인에게 속이고 단순히 임차인 변경으로 하는 계약서라고 속인 것일까?
- 그 답은 임대인이 철거 및 신축을 이유로 임차인들과 계약을 종료하고 새로운 주인에게 매도하려고 했기 때문이었습니다. 양도 약사가 이러한 사실을 몰랐을 리 없습니다. 만약, 이러한 내용을 양수 약사에게 이야기했다면 분명 양수 약사는 3억 8천만 원이라는 거액의 권리금을 주고 철거가 임박한 상가에 들어가지 않았을 것입니다. 거기에 더해 임대인은 기존의 임대료보다 높은 금액으로 새로운 임대차계약서를 쓸 계획이었습니다.

2. 왜? 양수 약사는 임대인과 만나 계약서를 작성하지 않은 것일까?

임대인에게 임대차계약에 대한 내용을 확인하지 않은 것이 화근이 됐습니다. 양도 약사를 너무 믿어서 그랬을까요? 공인중개사를 믿어서 그랬을까요? 이유를 알 수 없지만, 결국 이 행동으로 권리금의 100%에 해당하는 손해배상을 인정받지 못하고 권리금의 60% 손해배상만 인정받게 됩니다. 억대의 손해를 입게 된 것입니다.

이 사건에서 양도 약사의 말만 믿지 않고, 임대인을 만나 계약서를 작성했다면 사기도 막고, 소송까지 가기 전에 계약을 취소할 수 있었을 것입니다. 권리계약에서 임대차에 관한 계약 해지 조건과 임대차계약 시 임대인의 동의를 얻는 것은 사소하지만 수억의 권리금을 지키는 상당히 중요한 일임을 되새길 수 있는 사건이었습니다.

#4 상가임대차 보호법 관련 소송

14. "새 건물주 바뀌자마자 월세 폭탄?" 약사, 상가임대차보호법으로 맞서다!

서울서부지방법원 2022. 12. 20. 선고 2022가단2561 판결 [건물명도]

사건 요약
---

1. 사건의 개요

　피고 B 약사는 2020년 1월 6일 주식회사 C와 서울 소재 상가 건물에 보증금 1억 원, 월세 500만 원(부가세 별도), 2020년 1월 13일부터 2022년 1월 12일까지로 하는 임대차계약)을 체결하고 약국을 운영해 왔습니다. 계약 당시 특약으로 계약 종료 후 재계약 시 처방전 기준으로 쌍방 합의하에 합리적으로 조정하기로 했습니다. 원고 A는 2020년 9월 21일 이 사건 부동산의 소유권을 취득하고, 2021년 12월 24일경 약사에게 보증금과 월세 증액을 요구하며, 불응 시 계약을 해지하겠다는 내용증명을 보냈습니다.

2. 사건의 쟁점

가. 원고의 보증금 및 월세 증액 요구와 계약 해지 통보가 정당한지 여부

나. 약사의 계약갱신 요구에 따라 이 사건 임대차계약이 갱신되었는지 여부

다. 약사가 상가건물 임대차보호법상의 대항력을 갖춘 임차인인지 여부

판결 원문

사건

2022가단2561 건물명도

원고

A

피고

B 약사

변론 종결

2022. 11. 22.

판결 선고

2022. 12. 20.

주문

1. 원고의 청구를 기각한다.
2. 소송비용은 원고가 부담한다.

청구 취지

피고는 원고에게 별지 목록 기재 부동산을 인도하라.

이유

1. 기초 사실

가. 피고는 2020. 1. 6. 주식회사 C와 사이에 별지 목록 기재 부동산(이하 '이 사건 부동산'이라 한다)에 관하여 임대차보증금 1억 원, 월차임 500만 원(부가가치세 별도), 임대차기간 2020. 1. 13.부터 2022. 1. 12.까지로 정하여 임대차계약을 체결하고(이하 '이 사건 임대차계약'이라 한다), 그 무렵 위 회사로부터 이 사건 부동산을 인도받아 현재 이 사건 부동산에서 약국을 운영하고 있다. 한편 피고와 주식회사 C는 이 사건 임대차계약 체결 당시 특약사항으로 '계약기간 종료 후 재계약시는 처방전 기준으로 쌍방 합의하에 합리적으로 조정'(제6항)하기로 약정하였다(이하 '이 사건 특약'이라 한다). 나. 원고는 2020. 9. 21. 이 사건 부동산에 관하여 2020. 9. 21. 교환을 원인으로 하여 소유권이전등기를 마쳤다.

나. [중략]

다. 원고는 2021. 12. 24.경 피고에게 '보증금과 차임을 거래 시세에 맞게 변경하는 내용으로 재계약하고, 만일 변경하지 않으면 계약을 해지하겠다'는 취지의 내용증명을 발송하였고, 그 무렵 위 내용증명이 피고에게 도달하였다.

2. 당사자의 주장

가. 원고

원고는 이 사건 특약에 따라 임대차기간 만료 전에 피고에게 보증금 및 월차임증액을 요구하였고, 이에 응하지 않을 시 임대차계약을 해지하겠다는 의사표시를 하였는데, 피고가 증액에 응하지 않았으므로, 이 사건 임대차계약은 기간만료 또는 원고의 해지통보에 따라 해지되어 종료되었다. 이에 피고는 원고에게 이 사건 부동산을 인도할 의무가 있다.

나. 피고

피고는 상가건물 임대차보호법(이하 '법'이라 한다)상 대항력을 갖춘 임차인이고, 이 사건 임대차계약은 법 제10조 제1항에 따른 피고의 계약갱신 요구에 따라 갱신되었으므로, 원고의 청구에 응할 수 없다고 주장한다.

3. 판단

법 제10조 제1항은, '임대인은 임차인이 임대차기간이 만료되기 6개월 전부터 1개월 전까지 사이에 계약갱신을 요구할 경우 정당한 사유 없이 거절하지 못한다. 다만, 다음 각 호의 어느 하나의 경우에는 그러하지 아니하다'라고 규정하면서 각 호에 갱신거절 사유를 열거하고 있고, 제10조 제4항 전단은 '임대인이 제1항의 기간 이내에 임차인에게 갱신 거절의 통지 또는 조건 변경의 통지를 하지 아니한 경우에는 그 기간이 만료된 때에 전 임대차와 동일한 조건으로 다시 임대차한 것으로 본다'고 규정하고 있으며, 제11조 제1항, 상가건물 임대차보호법 시행령 제4조에서는 '차임 또는 보증금의 증액의 경우에는 청구 당시 차임 또는 보증금의 100분의 5의 금액을 초과하지 못한다'고 규정하고 있다.

이 사건에 관하여 보건대, 기록상 피고에게 법 제10조 제1항 각 호에서 정한 갱신거절의 사유가 있다고 볼 만한 아무런 자료가 없고, 원고의 주장에 의하더라도, 원고는 법 제10조 제1항에서 정한 기간이 지난 2021. 12. 24.에서야 피고에게 법정 상한을 초과하여 보증금 및 차임의 증액을 요구하고, 피고가 이에 응하지 않았다는 이유로 계약 해지를 통보한 것인바, 이러한 원고의 해지 통보는 효력이 없고, 이 사건 임대차계약은 피고의 갱신요구에 따라 갱신되었다고 봄이 상당하므로, 이와 다른 전제에서 한 원고의 주장은 이유 없다.

4. 결론

원고의 청구는 이유 없으므로 이를 기각하기로 하여 주문과 같이 판결한다.

개국 약사를 위한 판결의 의미와 해석

약사인 피고는 상가 건물 소유주인 주식회사 C와 임대차계약을 체결하며 계약기간 종료 후 재계약 시점의 처방전 수를 기준으로 임대료를 합리적으로 조정하기로 하는 특약을 약정했습니다. 이는 통상적인 임대차계약에서 찾아 보기 어렵지만 약국의 임대차계약에서는 종종 '처방전 수'라는 약국 수익증가를 가늠하는 지표를 이용해 임대료를 결정하기도 합니다. 요즘 들어 부쩍 그런 임대인들이 늘어나는 것 같습니다.

시간이 흘러 2020년 9월 21일, 해당 상가 건물의 소유권은 원고 A에게 이전되었고, 새로운 임대인이 된 원고는 임대차기간 만료를 앞둔 2021년 12월 24일경, 피고에게 내용증명을 발송하여 임대료 인상을 요구했습니다. 원고는 당시 시세에 맞춰 보증금과 월세를 대폭 인상할 것을 요구하며, 약사가 이를 받아들이지 않을 경우 임대차계약을 해지하겠다는 입장을 밝혔습니다. 이는 최초 임대차계약 시의 특약에 따른 요구로 보이기는 했지만 사실 어떤 기준에 의해서 임대료 인상을 요구했는지는 나와 있지 않지만 약사가 이를 받아들이지 않아 결국 임대인은 소송을 진행하게 되었습니다.

▶ **법원의 판단: 상임법 우선 적용과 특약의 제한적인 효력**

법원 판결의 가장 중요한 근거는 상임법 제10조 제1항은 임대인이 임대차기간 만료 6개월 전부터 1개월 전까지 임차인이 계약 갱신을 요구할 경우 정당한 사유 없이 거절할 수 없도록 규정하고 있으며, 같은 조 제4항은 임대인이 위 기간 내에 갱신 거절 또는 조건 변경의 통지를 하지 않은 경우 계약이 종전과 동일한 조건으로 갱신된 것으로 간주합니다. 또한, 상임법 제11조 제1항과 동법 시행령 제4조는 차임 또는 보증금 증액 시 청구 당시 차임 또는 보증금의 5%를 초과할 수 없다는 조항이었습니다.

▶ 특약의 효력 제한

이 판결은 최초 임대차계약 시 쌍방 합의로 이루어진 특약이라 할지라도, 임차인의 권리를 강력하게 보호하는 상임법의 규정을 벗어날 수 없다는 점을 명확히 보여 주고 있습니다. 원고는 재계약 시 임대료를 합리적으로 조정하기로 한 특약을 무시하고 일방적으로 시세에 맞춘 임대료 인상을 요구하고, 계약 해지까지 요청했으나, 법원은 상임법의 임대료 증액 제한 규정을 우선적으로 적용한 것입니다.

판결문에는 명시되지 않았지만, 원고는 상가 인수 당시 약국의 조제료 수입 증가에 따른 월세 상승을 기대했을 가능성이 높습니다. 특히 약국은 안정적인 수익을 창출하는 업종으로 임대인 입장에서는 높은 임대료를 책정하고자 했을 것입니다. 만약 해당 상가의 환산보증금이 상임법 적용 기준을 초과하는 경우였다면 임대료 증액 제한 규정이 적용되지 않아 위 판결은 뒤바뀌었을 것입니다. 따라서 상가 임대차계약 체결 시 환산보증금 기준을 꼼꼼히 확인하는 것이 중요합니다. 특히 약국과 같이 높은 보증금이 책정되는 경우는 이 점을 유의하셔야 합니다. 지금은 환산보증금 이내에 있다 하더라도 장기적으로 5%의 임대료 인상률이 지속적으로 적용될 경우, 시간이 지나면서 환산보증금 기준을 초과할 가능성도 있기에 상가임대차보호법 적용 여부는 항상 체크하고 있어야 합니다.

최근 상가임대차보호법이 넘어서는 구간에 있는 약사님들 중 재계약 시 임대료의 상승률이 25%, 50%까지 생각보다 커서 약국의 폐업까지 생각하시는 약사님들이 많습니다. 임차인의 입장으로서 어쩔 수 없는 부분이기는 하지만 예의 주시하시고 대비책을 생각해보시는 것이 좋을 것입니다. 관련법상 환산보증금이 넘어가는 경우에도 상임법에서 정하는 일부는 보호받을 수 있습니다.

▶ 환산보증금액을 초과하더라도 상임법의 보호를 받을 수 있는 주요 내용

1. 계약갱신 요구권(상임법 제10조):
- 임차인은 임대차기간 만료 전 6개월부터 1개월 전까지 계약갱신을 요구할 수 있습니다. 정당한 사유가 없는 한 임대인은 이를 거절하지 못하며, 갱신되는 임대차는 전 임대차와 동일한 조건으로 다시 계약된 것으로 봅니다.
- 총 임대차기간은 최초 계약일로부터 10년을 초과하지 않는 범위 내에서 보호받을 수 있습니다. 이는 환산보증금액과 관계없이 적용되는 가장 핵심적인 보호 조항 중 하나입니다.

2. 권리금 회수 기회 보호(상임법 제10조의4):
- 임대인은 임대차기간이 끝나기 6개월 전부터 임대차 종료 시까지 임차인이 신규 임차인으로부터 권리금을 회수하는 것을 방해해서는 안 됩니다. 이를 위반하여 임차인에게 손해를 발생하게 한 경우 임대인은 그 손해를 배상해야 합니다.
이 역시 환산보증금액과 관계없이 적용되어 임차인이 투자한 유·무형의 재산적 가치(권리금)를 보호받을 수 있도록 합니다.
다만, 환산보증금액을 초과하는 임대차계약에는 상임법의 모든 조항이 적용되는 것은 아닙니다.
- 차임 또는 보증금 증감 청구 제한(상임법 제11조): 법정 인상률 상한(현재 5%)

의 적용을 받지 않습니다. 임대료 증액 시 임대인과 임차인이 협의해야 하며, 협의가 안 될 경우 소송을 통해 정해야 할 수 있습니다.
- **우선변제권(상임법 제5조):** 건물이 경매나 공매될 경우 보증금을 다른 채권자보다 우선하여 변제받을 권리를 보호받지 못합니다. (단, 별도로 전세권 설정 등기를 하면 보호받을 수 있습니다.)
- **임차권등기명령(상임법 제6조):** 임대차 종료 후 보증금을 돌려받지 못했을 때 임차권등기명령을 통해 대항력과 우선변제권을 유지하는 제도의 적용을 받지 못합니다.

요약하자면, 환산보증금 초과 임대차계약의 임차인은 10년간의 계약갱신 요구권과 권리금 회수 기회 보호라는 강력한 권리는 보장받지만, 임대료 인상률 제한이나 보증금에 대한 우선변제권 등은 적용받지 못하므로 계약 체결 시 더욱 신중하고 구체적인 약정(특약)을 마련하는 것이 중요합니다.

#5 동종업종 금지규약 관련 소송

15. 동종업종 금지 소송 과연 이 사건에서는… 경매 받은 점포에 약국 개설 '업종제한' 해당될까?

의정부지방법원 고양지원 2022. 5. 20. 선고 2021가합71727 판결 [손해배상(기)]

사건 요약

1. 사건의 개요

이 사건은 원고 A 약사가 같은 상가 건물 내에서 약국을 운영하는 피고 B(점포 소유자)와 피고 C 약사(점포 임차인)를 상대로 제기한 손해배상 청구 소송입니다. 원고는 피고들의 약국 영업이 기존의 업종 제한 약정이나 건물 관리 규약 등을 위반한 것이라고 주장하며, 피고들이 해당 점포에서 약국 영업을 하지 못하도록 하고 그로 인해 원고가 입은 손해를 배상할 것을 청구했습니다. 또한, 향후 판결 확정 후에도 영업 금지 의무를 위반할 경우 간접강제금 지급을 명해 달라고 요청했습니다.

2. 사건의 쟁점

이 사건 건물은 2001년에 신축되었으며, 일부 점포는 분양 시 특정 업종이 지정되었습니다. 대부분의 점포는 분양되지 않고 임대되었는데, 이때 임대차계약에는 업종 제한 특약이 포함된 경우와 그렇지 않은 경우가 혼재되어 있었습니다.

주요 쟁점

가. 업종 제한 약정의 효력: 이 사건 건물 분양 당시 존재했던 업종 제한 약정이 경매를 통해 소유권을 취득한 피고 B에게도 효력이 미치는지 여부.

나. 관리 규약 및 서면 결의의 효력: 건물 준공 이후 제정된 관리 규약이나 구분소유자들의 서면 결의에 따른 업종 제한이 피고들에게 약국 영업을 금지할 의무를 부과하는지 여부

다. 손해배상 책임: 피고들의 약국 영업으로 인해 원고에게 손해가 발생했으며, 피고들이 이를 배상할 책임이 있는지 여부.

라. 간접강제 가능성: 향후 피고들이 영업 금지 의무를 위반할 가능성이 높아 간접강제를 명해야 하는지 여부.

판결 원문

사건

2021가합71727 손해배상(기)

원고

A

피고

1. B
2. C

변론 종결

2022. 4. 22.

판결 선고

2022. 5. 20.

주문

1. 원고의 청구를 모두 기각한다.
2. 소송비용은 원고가 부담한다.

청구 취지

피고들은 고양시 덕양구 D, 1층 E호에서 약국 영업을 하여서는 아니 되고, 제3자로 하여금 약국 영업을 하게 하여서는 아니 된다. 피고들이 위 명령을 위반하는 경우 그 위반행위를 한 피고는 원고에게 위반일수 1일당 40만 원을 지급하라. 피고들은 원고에게 3,000만 원 및 이에 대하여 이 사건 소장 부본 송달 다음 날부터 다 갚는 날까지 연 12%의 비율로 계산한 돈을 지급하라.

이유

1. 기초 사실

가. F는 고양시 덕양구 D에 지하 2층, 지상 5층 근린생활시설(이하 '이 사건 건물'이라 한다)을 신축하고, 2001. 5. 22. 각 구분소유 건물에 관하여 소유권보존등기를 마쳤다.

나. 이 사건 건물은 당초 근린생활시설로 소유권보존등기가 마쳐졌는데, 이후 이 사건 건물의 6층이 증축되면서 2001. 12. 24. 새로 증축된 6층의 G호, H호는 학원으로 소유권보존등기가 마쳐졌고, 이 사건 건물 중 3층(I호 내지 J호)은 학원으로, K호, L호는 의료시설로 각 용도변경이 이루어져, 근린생활시설 및 학원 및 치과병원으로 이 사건 건물 등기의 표제부가 변경되었다.

다. F는 이 사건 건물 중 M호의 업종을 "병원(소아과)"으로 지정하여 N에게 분양한 후 2001. 6. 30. 위 매매를 원인으로 하는 소유권이전등기를 마쳤고, G호의 업종을 "검도, 미술학원"으로 지정하여 O에게 분양한 후 2002. 1. 3. 위 매매를 원인으로 한 소유권이전등기를 마쳤다.

라. F는 2007. 7. 4. 위 M호, G호를 제외한 나머지 28개 점포를 P 주식회사에 신탁하였는데, 위 점포들에 대하여 2009. 2. 19. 임의경매개시결정이 이루어져 매각절차가 진행되었다[의정부지방법원 고양지원 Q, R(병합), S(중복). 이하 '이 사건 경매절차'라 한다].

마. 원고는 2002. 11. 4. 이 사건 건물 중 T호를 F로부터 임차하여 그 무렵부터 'U 약국'이라는 상호로 약국영업을 하여 오다가 이 사건 건물 중 V호에 관하여 2010. 6. 16. 임의경매로 인한 매각을 원인으로 소유권이전등기를 마치고, 위 'U 약국'을 V호로 이전하여 현재까지 계속 운영 중이다.

바. 피고 B는 2010. 5. 12. 이 사건 건물 중 E호에 관하여 임의경매로 인한 매각을 원인으로 소유권이전등기를 마쳤고, 피고 C는 피고 B로부터 위 E호를 임차하여 2020. 11. 13.부터 'W 약국'이라는 상호로 약국을 운영 중이다.

사. 원고는 피고들을 상대로 의정부지방법원 고양지원에 2020카합5589호로 영업금지가처분 및 간접강제를 신청하였는데(이하 '선행 가처분 사건'이라고 한다), 위 법원은 2021. 1. 18. 원고의 신청을 모두 기각하였고, 원고가 이에 항고하였으나 항고법원은 2021. 6. 23. 원고의 항고 중 간접강제에 관한 부분을 각하하고, 나머지 항고를 기각하는 결정을 하였다

(서울고등법원 2021라20156).

[인정근거] 다툼 없는 사실, 갑 제1, 3, 4, 5, 10, 11호증, 을 제7호증, 을 제12, 13호증(이상 가지번호 있는 서증은 모두 가지번호를 포함한다. 이하 같다)의 각 기재, 변론 전체의 취지

2. 판단

가. 원고 주장의 요지

1) 이 사건 건물의 분양자인 F는 이 사건 건물 중 M호를 N에게, G호를 O에게 분양하면서 점포별로 업종을 정하여 분양하였고, 나머지 28개 점포에 대하여는 자신이 이를 소유하면서 업종을 제한하여 임대하였는데, F와 위 두 명의 수분양자 사이에 체결된 분양계약서에 업종제한약정이 포함되어 있었으므로, 이 사건 건물의 전유부분에 대한 업종제한약정이 성립하였다.

2) F는 이 사건 건물 중 T호의 업종을 "약국"으로 제한하여 임대하여 원고가 위 점포에서 약국을 운영하던 중 F에게 V호를 매수하여 약국영업을 계속하겠다는 점에 대한 승인을 받고 이 사건 경매절차에서 위 V호를 매수하였다. F는 이 사건 건물 중 E호의 업종을 "은행"으로 제한하여 임대하였는데, 피고 B는 위 E호를 임의경매절차에서 매수하면서 이 사건 건물의 분양계약과 임대계약 등에서 정한 업종제한을 수인하기로 묵시적으로 동의하였음에도 불구하고 위 E호를 피고 C에게 임대하여 약국 영업을 하도록 하였다.

3) 피고들에게 업종제한약정의 수인의무가 인정되지 않는다 하더라도

2010. 11. 29. 제정된 이 사건 상가의 관리규약 제7조 제1호는 "전유부분을 지정된 용도로 사용하는 권리"를 구분소유자의 권리로, 제13조 제4호는 "관리주체의 사전승인 없이 전유부분의 전부 또는 일부에서 지정된 용도와 업종 이외의 영업을 하거나, 지정된 용도와 업종 외의 영업을 위한 분양, 임대하는 행위"를 금지행위로 정하고 있고(제1예비적 주장), 2011년 3월경 이 사건 건물의 구분소유자들 사이에 동종업종의 영업을 제한하는 서면결의가 이루어지기도 하였으므로(제2예비적 주장), 피고들은 E호에서 약국을 영업하지 않을 의무를 부담한다.

4) 결국 위와 같은 피고들의 행위는 위 업종제한 약정 또는 관리규약, 서면결의를 위반한 경우에 해당하므로, 피고는 T호 점포에서 약국 영업을 하거나 제3자로 하여금 약국 영업을 하게 하여서는 아니 되고, 원고에게 위 업종제한 약정 위반으로 2020년 12월부터 2021년 10월까지 원고가 입은 손해인 74,082,272원[=213,713,711원(= 1건당 평균조제료 8,214원 × 26,018건1) - 실제 조제료 수입 139,629,580원]의 일부인 30,000,000원 및 이에 대한 지연손해금을 배상할 의무가 있다.

5) 또한, 피고들이 업종제한을 위반한 경위 등에 비추어 피고들이 이 사건 판결이 확정되더라도 그에 위반하여 계속하여 약국 영업을 할 가능성이 매우 높으므로, 이 사건 판결이 확정되었음에도 영업금지 의무를 위반하는 경우 피고들은 원고에게 그 위반일 1일당 40만 원의 비율로 계산한 간접강제금을 지급하여야 한다.

나. 업종제한 약정에 기한 영업금지청구권 주장에 관한 판단

1) 건축회사가 상가를 건축하여 각 점포별로 업종을 지정하여 분양하는 경

우, 지정업종에 관한 경업금지의무는 수분양자들에게만 적용되는 것이 아니라 분양자인 건축 회사에도 적용되고(대법원 2006. 7. 4.자 2006마164, 165 결정 참조), 점포별로 업종을 지정하여 분양한 상가에서 분양되지 아니한 채 분양자 소유로 남아 있던 점포의 소유권을 특정승계한 자 또는 그로부터 임차한 자는 특별한 사정이 없는 한 상가의 점포 입점자들에 대한 관계에서 묵시적으로 분양계약에서 약정한 업종제한 의무를 수인하기로 동의하였다고 봄이 상당하다(대법원 2007. 11. 30. 선고 2004다44742 판결 참조).

2) 이 사건을 위 법리에 비추어 보건대, 1. 기초 사실에서 인정한 사실 및 갑 제2호증의 기재, 증인 F의 증언에 의하면, F가 X호, Y호에 관하여 업종을 지정하여 분양한 사실, F가 자신 소유의 일부 점포에 대하여 특약사항으로 '동종업종을 입점시키지 않는다'는 내용을 부가하여 임대차계약을 체결한 사실, F가 2001년 3월경 주식회사 Z에 E호, AA호를 임대하면서 임대차계약서에 임차인의 의무로 '임대차기간 중 목적물을 은행업무 이외의 용도로 사용수익하지 못하며'라는 문구를 명시한 사실은 인정할 수 있으나, 한편, 피고 B가 2010. 5. 12. 이 사건 경매절차에서 이 사건 건물 E호를 매수한 사실은 1. 기초 사실에서 본 사실과 같고, 위 각 증거 및 갑 제13, 14, 32호증의 각 기재, 증인 AB의 증언에 변론 전체의 취지를 더하여 보면, 이 사건 건물 중 X호, Y호를 제외한 나머지 호실에 대해서는 분양계약이 체결된 바 없고 모두 임대차계약이 체결되었는데 당시 사용한 임대차계약서의 양식이 통일되지 않아 업종을 명시하고 '동종영업을 입점시키지 않는다'는 내용이 포함된 계약과 포함되지 않은 계약이 모두 존재하였던 점, 이 사건 경매절차 당시까지 이 사건 건물에는 별도의 관리규약이 없었고, 2001년경부터 이 사건 건물 AC호에서 한의원을 운영하

였던 AB 역시 다른 점포들의 업종이나 그 제한 등에 대하여는 알지 못하였다는 취지로 증언한 점, 이 사건 건물 중 AD, AE, AF, AG, AH, K, G호 등 일부 점포들이 원고가 주장하는 분양 당시의 업종과는 다른 업종으로 이용되던 중에 이 사건 경매절차가 진행되었고, 위 경매절차에서는 이 사건 건물 각 점포의 이용현황에 대하여 조사된 것 이외에 업종제한 여부에 관하여 조사되었다고 볼 자료가 없는 점, 원고의 주장에 의하면 이 사건 건물 중 K, L호는 당초 치과로 업종이 지정되었다는 것이나, 이 사건 건물에서 영업 중인 'AI 치과의원'은 2008년 9월경 이후부터 이 사건 경매절차가 진행될 때까지는 이 사건 건물 AD, AE, AF, AH호에서 운영한 것으로 확인되고, 2007. 12. 31.경에는 AJ호에 관하여 다른 임차인 명의로 의료(치과) 업종의 임대차계약이 체결되기도 한 점 등의 사정을 인정할 수 있는바, 이를 종합하여 보면 원고가 제출한 증거만으로는 이 사건 건물 E호에 관하여 분양자와 수분양자 사이에 업종제한약정이 있었다고 인정할 수 없고(분양자가 임대인으로서 임차인과 건물임대차계약을 하면서 같은 건물 내 동일업종을 입점시키지 않기로 약정하였다고 하더라도 이를 분양자와 수분양자 사이의 업종제한약정으로 볼 수는 없다), 설령 있었다고 가정하더라도 피고 B가 경매절차에 위 호실을 매수할 당시 위와 같은 업종제한약정이 있었음을 알았거나 충분히 알 수 있었다고 인정하기 어려우므로 피고 B에게 업종제한약정의 효력이 미친다고 할 수 없다. 이와 다른 전제에 선 원고의 이 부분 주장은 이유 없다.

다. 관리규약에 기한 영업금지청구권 주장에 관한 판단(제1 예비적 주장)

살피건대, 갑 제15 내지 17호증, 을 제9호증의 각 기재에 변론 전체의 취지를 더하여 보면, 2010. 11. 29. 이 사건 건물의 구분 소유자 중 20명이 참석한 총회에서 이 사건 건물의 관리규약이 최초로 제정된 사실(이하 '이 사건 관리규약'이라 한다), 현재 시행 중인 이 사건 건물의 관리규약 제7조 제1호는 구분소유자의 권리 중 하나로 '전유부분을 지정된 용도로 사용하는 권리'를 정하고 있고, 제13조 제4호는 구분소유자와 사용자가 하여서는 안 되는 행위로 '관리단의 사전승인 없이 전유부분의 전부 또는 일부에서 지정된 용도와 업종 이외의 영업을 하거나 지정된 용도와 업종 외의 영업을 위해 분양, 임대하는 행위'를 정하고 있는 사실을 인정할 수 있으나, 한편 위 각 증거에 의하면, 이 사건 관리규약이 제정된 2010. 11. 29.에 열린 총회의 회의록에는 8번 안건으로 '업종변경 시 관리단의 승인을 득하고 업종제한은 현재 영업하고 있는 업종에 한하여 동일업종 금지를 원칙으로 한다'는 '동종업종 금지규약'이 기재되어 있는데, 다른 1 내지 7번 안건과 달리 위 8번 안건에만 그 말미에 '(통과)'라는 기재가 없는 사실, 2011. 3. 28. 자 총회 회의록에는 "관리규약 개정승인건: 관리규약 제2장 제13조(금지사항) 동종업종 삽입 건은 총원 18명 중 찬성 8명, 반대 7명, 기권 2명, 무효 1명으로 부결되었음"이라고 기재되어 있는 사실을 인정할 수 있는바, 원고가 제출한 증거만으로는 이 사건 상가 구분소유자들 사이에서 '동종영업 금지'에 관한 규약이 체결되었다고 인정하기 부족하고 달리 이를 인정할 증거가 없다. 따라서 원고의 위 주장은 이유 없다.

라. 서면결의에 기한 영업금지청구권 주장에 관한 판단(제2예비적 주장)

살피건대, 갑 제18, 19호증, 을 제1호증의 각 기재에 의하면, 2011년 3월경 수신을 "AK 빌딩관리단 총회"로, 제목을 "상호 동일업종 제한 약정의 규약명문화"로 하는 "동일업종(대표업종) 제한 서면결의서"에 이 사건 건물의 구분소유자 21명 중 17명이 서명한 사실을 인정할 수 있으나, 한편 위 각 증거 및 을 제3호증의 기재 및 증인 AB의 증언에 의하면, 2011. 3. 28. 개최된 이 사건 건물 관리단 총회에서 '관리규약 제2장 제13조(금지사항) 동종업종 삽입 건은 총원 18명 중 찬성 8명, 반대 7명, 기권 2명, 무효 1명으로 부결'되었고 위와 같은 서면결의서가 관리단 총회에 제출된 바도 없는 사실, 당시 "동일업종(대표업종) 제한 서면결의서"에 서명한 AL은 위 서면결의서가 관리규약 개정을 위한 것이 아니라 정기총회에 동종영업 제한의 규약 명문화 안건을 상정하기 위한 것이고, 자신도 위 총회에서 반대투표를 하였다고 확인한 사실을 인정할 수 있는바, 원고가 제출한 증거만으로는 그 주장과 같은 서면결의가 이루어졌다고 인정할 수 없고 달리 이를 인정할 증거가 없다. 따라서 원고의 위 주장도 이유 없다.

마. 소결

따따서 원고 주장과 같은 업종제한약정 또는 동종업종의 영업을 제한하는 상가 관리규약이나 서면결의가 존재한다고 할 수 없는바, 이와 다른 전제에 선 원고의 청구는 모두 이유 없다.

3. 결론

그렇다면 원고의 피고들에 대한 청구는 이유 없으므로 이를 모두 기각하기로 하여 주문과 같이 판결한다.

개국 약사를 위한 판결의 의미와 해석

이 사건 소송은 기존 약사가 같은 건물에 새로 들어온 경쟁 약국에 대해 '업종 제한 약정'이나 '상가관리규약 위반'을 이유로 영업 금지를 구한 사례입니다. 개국을 하고 있는 약사의 입장에서 약국 독점이나 상가관리규약상 업종제한을 무시하고 들어오는 약국에 대해서 영업금지 조치를 하기 위해 소송을 진행하는 것은 당연한 것이라고 할 수 있습니다.

하지만 이러한 영업 금지가 법적으로 인정받기 위해서는 관련 약정이나 규약이 유효하고 피고에게 효력이 미친다는 명확한 근거가 필요합니다. 본 사건의 핵심은 기존 약사가 독점의 근거로 주장했던 상가관리규약상의 '업종 제한' 조항이 사실상 유효하게 존재하지 않았다는 점입니다. 이로 인해 기존 약사가 기대했던 독점적 지위가 법적으로 인정받기 어렵게 되었고, 이는 기존 약사에게 매우 아쉬운 결과로 작용했습니다.

최근 신축 상가에서 흔히 발생하는 상황을 보여 줍니다. 최초 분양 시 업종 지정이나 독점 조항이 명시되지 않은 경우, 이후 상가관리규약으로 특정 업종의 독점 조항을 추가하는 것은 사실상 매우 어렵습니다. 이는 임대 수익을 우선시하는 다수의 점포 소유자들이 특정 업종의 독점 지위를 제한하는 것에 반대하기 때문입니다. 이러한 배경이 최근 여러 개의 약국이 한 상가에 입점하는 이른바 '치고 들어오는 약국'의 증가 원인 중 하나가 되고 있습니다. 따라서 약국 개설을 준비하는 약사들은 어떤 입장이든 간에, 해당 상가의 분양 계약서나 관리 규약에 명시된 '업종 제한', '독점 조항', '업종 지정' 여부를 사전에 철저히 확인하는 것이 자신의 권리와 영업 이익을 지키는 데 매우 중요함을 시사하는 사건입니다.

#6 컨설팅 부당이익 반환 소송

16. '약국 컨설팅' 가장한 무자격 중개… 법원 '부당이득 4천만 원 반환하라!!'

인천지방법원 부천지원 2020. 2. 4. 선고 2019가단19063 판결 [부당이득금]

사건 요약

1. 사건의 개요

이 사건은 원고가 약국 운영을 위해 부동산을 물색하던 중, 피고들과 '약국 컨설팅 용역계약'을 체결하고 용역비 명목으로 금원을 지급했으나, 피고들이 공인중개사 자격 없이 중개 행위를 했다고 주장하며 용역계약의 무효 및 부당이득반환을 청구한 사건입니다. 법원은 피고들이 공인중개사 자격 없이 부동산 중개 행위를 하고 수수료를 받은 것으로 보아 해당 용역계약이 강행법규에 위반되어 무효라고 판단하였고, 피고들에게 원고로부터 지급받은 각 2,000만 원과 이에 대한 지연손해금을 반환하라고 판결했습니다.

2. 사건의 쟁점

원고와 피고들이 체결한 '약국 컨설팅 용역계약'이 공인중개사법에서 규정하는 '부동산 중개행위'에 해당하는가?

주요 쟁점

가. 원고의 주장: 이 계약은 실질적으로 부동산 전대차 계약 체결을 알선하는 중개계약이며, 피고들은 무자격으로 중개업을 한 것이므로 계약은 강행법규 위반으로 무효이고, 따라서 지급한 돈은 부당이득으로 반환되어야 한다.

나. 피고의 주장: 제공한 용역은 단순히 부동산 중개가 아니라 입지 및 수익 분석 등 컨설팅이었고, 권리금 조정 등의 행위도 포함되므로 공인중개사법상 중개행위에 해당하지 않았다. 계약은 유효하며, 용역 제공 의무를 다했다.

판결 원문

사건

2019가단19063 부당이득금

원고

A

피고

1. B
2. C

변론 종결

2019. 12. 17.

판결 선고

2020. 2. 4.

주문

1. 피고들은 원고에게 각 20,000,000원 및 각 이에 대하여 피고 B는 2019. 7. 17.부터, 피고 C는 2019. 6. 13.부터 각 다 갚는 날까지 연 12%의 비율로 계산한 돈을 각 지급하라.
2. 소송비용은 피고들이 부담한다.

3. 제1항은 가집행할 수 있다.

청구 취지

주문과 같다.

이유

1. 기초 사실

가. 원고는 약국을 운영하기 위한 부동산을 물색하던 중 2018. 12.경 피고들로부터 하남시 D빌딩 1층 E호(이하 '이 사건 건물'이라 한다)를 소개받았다.

나. 원고와 피고들은 2018. 12. 6. 이 사건 건물과 관련하여 아래와 같은 내용이 기재된 '약국 컨설팅 용역계약서'(갑 1호증, 이하 '이 사건 용역계약서'라 한다)를 작성함으로써 용역계약(이하 '이 사건 용역계약'이라 한다)을 체결하였다.

다. 원고는 2018. 12. 6. 이 사건 건물의 임차인인 주식회사 F(이하 'F'이라 한다)와의 사이에, 이 사건 건물을 전대차보증금 2억 원, 전대차기간 10년, 차임 월 500만 원으로 정하여 전차하기로 하는 내용의 전대차계약(이하 '이 사건 전대차계약'이라 한다)을 체결하였다. 이 사건 전대차계약상 원고는 F에게 위 전대차보증금 2억 원 중 계약금 2,000만 원은 2018. 12. 6.에, 중도금 8,000만 원은 2018. 12. 31.에, 잔금 1억 원은 2019. 1. 31. 또는 개원일에 지급하기로 약정하였다.

라. 원고는 2018. 12. 31. G와의 사이에, G에게 이 사건 건물에 관한 권리금 1억 원을 지급하기로 하는 내용의 권리금계약(이하 '이 사건 권리금계약'이라 한다)을 체결하였다.

마. 원고는 이 사건 용역계약에 기하여 컨설팅 용역비 명목으로 피고들에게, ① 2018. 12. 6. 각 1,000만 원씩을 ② 2018. 12. 31. 각 1,000만 원씩을 각 지급하였다(원고가 피고들에게 지급한 위 각 금원을 이하 '이 사건 각 금원'이라 한다).

바. 피고들은 공인중개사법상 공인중개사 자격이 없고 중개사무소 개설등록도 하지 않았다.

[인정 근거] 다툼 없는 사실, 갑 1, 3, 4, 6, 7, 11호증의 각 기재, 변론 전체의 취지 2. 청구원인에 관한 판단

가. 당사자들의 주장

1) 원고의 주장 요지

가) 주위적 주장: 이 사건 용역계약은 피고들이 원고에게 이 사건 전대차계약의 체결을 알선하기로 하는 중개계약이고, 이 사건 용역계약에 따라 피고들이 수행한 용역은 공인중개사법상 부동산 중개행위에 해당한다. 그런데 피고들은 공인중개사의 자격 없이 중개사무소의 개설도 하지 않은 채 위 중개행위에 대하여 중개수수료를 지급받기로 하는 이 사건 용역계

약을 체결하였는바, 이 사건 용역계약은 강행법규를 위반하여 무효이다. 따라서 피고들은 원고에게 부당이득의 반환으로 기지급된 이 사건 각 금원 각 2,000만 원 및 각 이에 대한 지연손해금을 지급할 의무가 있다.

나) 예비적 주장: 설사 이 사건 용역계약이 부동산 중개행위 이상의 용역을 수행하기로 하는 유효한 계약에 해당한다고 하더라도, 피고들은 이 사건 전대차계약을 알선하는 중개행위 외의 용역을 제공하지 않았는바, 원고는 피고들의 채무불이행을 원인으로 이 사건 용역계약을 해제한다. 따라서 피고들은 계약 해제에 따른 원상회복으로 원고에게 이 사건 각 금원 상당액인 각 2,000만 원 및 각 이에 대한 지연손해금을 지급할 의무가 있다.

2) 피고들의 주장 요지

가) 원고의 주위적 주장에 대하여: 피고들은 이 사건 용역계약에 따라 ① 이 사건 건물이 약국으로서 가지는 위치적 가치(입지분석), 수익적 가치(수익분석), 약국으로서의 적합성 등에 관한 자료나 정보를 고객인 원고에게 제공하여 원고가 약국을 운영할 장소를 결정할 수 있도록 도와주었고, ② 이 사건 건물의 권리금을 2억 원에서 1억 원으로 감액하는 등 권리금 수수의 중개행위를 하였는바, 이 사건 용역계약상 피고들이 수행한 용역은 공인중개사법상 부동산 중개행위가 아니다.

나) 원고의 예비적 주장에 대하여: 피고들은 위 가)항과 같이 자료나 정보를 제공하고, 권리금을 감액하는 등 이 사건 용역계약상 용역을 수행함으로써 채무를 모두 이행하였고, 원고도 이 사건 용역계약에 따른 목적을 달성하였기 때문에 피고들에게 컨설팅 용역비로 이 사건 각 금원을 지급한

것이다.

나. 관련 법령 및 법리

1) 공인중개사법 제2조 제1호는 "중개라 함은 제3조의 규정에 의한 중개대상물에 대하여 거래당사자간의 매매·교환·임대차 그 밖의 권리의 득실변경에 관한 행위를 알선하는 것을 말한다."라고 규정하고 있다. 공인중개사법의 규율대상인 "중개업"이라고 함은 '다른 사람의 의뢰에 의하여 일정한 보수를 받고 부동산 등 중개대상물에 관하여 거래당사자간의 매매·교환·임대차 그 밖의 권리의 득실변경에 관한 행위를 알선하는 것을 업으로 하는 것'을 말하고(공인중개사법 제2조 제1호, 제3호), 어떠한 행위가 중개행위에 해당하는지는 행위자의 주관적 의사에 의하여 좌우되는 것이 아니라 그 행위를 객관적으로 보아 사회통념상 거래의 알선·중개를 위한 행위라고 인정되는지 여부에 따라 결정되어야 하며, 부동산에 관하여 위와 같은 중개행위를 업으로 하는 자가 그에 더하여 이른바 부동산 컨설팅 등의 용역을 제공한다고 하여 공인중개사법의 규율대상인 부동산 중개행위가 아니라고 볼 수 없다(대법원 2011. 11. 10. 선고 2009다4572 판결 등 참조). 중개업자가 계약체결 후에도 거래당사자의 계약상 의무의 실현에 관여함으로써 계약상 의무가 원만하게 이행되도록 주선할 것이 예정되어 있는 때에는, 그러한 중개업자의 행위는 객관적으로 보아 사회통념상 거래의 알선·중개를 위한 행위로서 중개행위의 범주에 포함된다(대법원 2017. 5. 31. 선고 2014다22482 판결 등 참조).

한편, 공인중개사법 제2조 제1호, 제3조, 같은 법 시행령 제2조의 규정을 종합하여 보면, 영업용 건물의 영업시설·비품 등 유형물이나 거래처, 신용, 영업상의 노하우 또는 점포위치에 따른 영업상의 이점 등 무형의 재산적 가치는 같은 법 제3조, 같은 법 시행령 제2조에서 정한 중개대상물이라고 할 수 없으므로, 그러한 유·무형의 재산적 가치의 양도에 대하여 이른바 "권리금" 등을 수수하도록 중개한 것은 구 부동산중개업법이 규율하고 있는 중개행위에 해당하지 아니한다(대법원 2006. 9. 22. 선고 2005도6054 판결 등 참조).

2) 공인중개사법은 부동산중개업을 영위하고자 하는 자는 등록관청에 중개사무소의 개설등록을 하여야 하고(공인중개사법 제9조 제1항), 공인중개사 또는 법인만이 중개사무소 개설등록을 할 수 있으며(공인중개사법 제9조 제2항), 중개사무소 개설등록을 하지 아니하고 중개업을 한 자는 3년 이하의 징역 또는 3천만 원 이하의 벌금에 처한다(공인중개사법 제48조 제1호)고 규정하고 있다. 또한 공인중개사가 되고자 하는 자는 시·도지사가 시행하는 공인중개사 자격시험에 합격하여야 하고(공인중개사법 제4조 제1항), 미성년자 등 일정한 결격사유가 있으면 공인중개사가 될 수 없으며(공인중개사법 제10조), 중개사무소의 개설등록을 한 중개업자는 중개행위로 인한 손해배상책임을 보장하기 위하여 일정한 보증보험 또는 공제에 가입하거나 공탁하여야 한다(공인중개사법 제30조). 공인중개사 자격이 없는 자가 부동산중개업 관련 법령을 위반하여 중개사무소 개설등록을 하지 아니한 채 부동산중개업을 하면서 체결한 중개수수료 지급약정에 따라 수수료를 받는 행위는 투기적·탈법적 거래를 조장하여 부동산거래질서의 공정성을 해할 우려가 있는바, 공인중개사 자격이 없어 중개사무소 개설등록을 하지 아니한 채 부동산중개업을 한 자에게 형사적 제재를 가하는 것만으로는 부족하고 그가 체결한 중개수수료 지급약정에 의한 경제적 이익이 귀속되는 것을 방지하여야 할 필요가 있고, 따라서 중

개사무소 개설등록에 관한 공인중개사법의 위 각 규정들(이하 '공인중개사법의 각 규정'이라 한다)은 공인중개사 자격이 없는 자가 중개사무소 개설등록을 하지 아니한 채 부동산중개업을 하면서 체결한 중개수수료 지급약정의 효력을 제한하는 이른바 강행법규에 해당한다고 보아야 한다(대법원 2010. 12. 23. 선고 2008다75119 판결 등 참조). 그러므로 공인중개사 자격이 없는 자가 중개사무소의 개설등록을 하지 아니한 채 부동산 등의 중개행위와 관련하여 받기로 한 수수료 등 보수의 약정은 무효이다(대법원 2011. 11. 10. 선고 2009다4572 판결 등 참조).

다. 판단

갑 1, 3, 4, 5, 6, 7, 10, 11호증의 각 기재에 변론 전체의 취지를 더하여 인정되는 아래와 같은 사실들 및 사정들을 종합하면, 위 나.의 1)항의 관련 법령 및 법리에 비추어 이 사건 용역계약에 따라 피고들이 수행한 용역은 객관적으로 보아 사회통념상 이 사건 건물의 전대차를 알선하기 위한 공인중개사법상 부동산 중개행위 또는 그 중개행위의 부수한 행위에 해당한다고 봄이 타당하고, 을 1 내지 4호증의 각 기재만으로는 위 인정을 뒤집고 피고들이 원고에게 위 부동산 중개행위를 초과하는 용역을 제공하였다고 인정하기에 부족하며, 달리 반증이 없다. 결국 이 사건 용역계약은 원고가 피고들로부터 실질적으로 부동산 중개행위에 해당하는 용역을 제공받고 그 보수로 이 사건 각 금원을 지급하기로 약정한 것인바, 이는 공인중개사 자격이 없는 피고들이 중개사무소의 개설등록을 하지 아니한 채 부동산 중개행위를 하면서 받기로 한 보수의 약정에 해당하므로, 위 나.의 2)항의 관련 법령 및 법리에 따라 이 사건 용역계약은 강행법규인 공인중개사법의 각 규정에 위반되어 무효이다.

 따라서 피고들은 원고에게 무효인 이 사건 용역계약에 따라 각 지급받은 이 사건 각 금원을 부당이득으로 반환하여야 하므로, ① 피고 B는 원고에게 위 부당이득금 2,000만 원 및 이에 대하여 이 사건 소장부본 송달일 다음 날인 2019. 7. 17.부터 다 갚는 날까지 소송촉진 등에 관한 특례법이 정한 연 12%의 비율로 계산한 지연손해금을, ② 피고 C는 원고에게 위 부당이득금 2,000만 원 및 이에 대하여 이 사건 소장부본 송달일 다음 날인 2019. 6. 13.부터 다 갚는 날까지 소송촉진 등에 관한 특례법이 정한 연 12%의 비율로 계산한 지연손해금을 각 지급할 의무가 있다.

1) 피고 B는 2018. 12. 5. 원고에게 처음으로 이 사건 건물을 소개하였는데, 당시 원고에게 문자메시지를 보내 이 사건 건물의 소재지, 면적(실 평수), 임대차보증금, 권리금 및 하남시 D 빌딩에 정형외과, 신경외과, 내과, 가정의학과가 있는 'H 병원 하남 본원'(이하 '이 사건 병원'이라 한다)이 입점할 예정이라는 사실을 알렸고, 2018. 12. 6. 이 사건 병원의 입점에 대한 신문기사를 첨부하여 문자메시지로 보냈다. 피고 B가 2018. 12. 5. 및 2018. 12. 6. 원고에게 보낸 각 문자메시지(이하 '이 사건 각 문자메시지'라 한다)의 내용은 별지 문자메시지 기재와 같다.

 그런데 중개업자가 상가건물에 대한 임차권 양도계약을 중개할 때에는 의뢰인에게 중개대상물인 임차권의 존재와 내용에 관하여 확인·설명할 의무가 있으므로, 상가임대차계약을 중개하는 것에 준해서 임차권의 목적이 된 부동산의 등기부상 권리관계뿐만 아니라 의뢰인이 상가임대차법에서 정한 대항력, 우선변제권 등의 보호를 받을 수 있는 임대차에 해당하는지를 판단하는 데 필요한 상가건물의 권리관계 등에 관한 자료를 확인·설명하여야 할 의무가 있다(대법원 2017. 7. 11. 선고 2016다261175 판결 등 참조). 또한 공인중개사법 제25조 제1항은 "개업공인중개사는 중개를 의뢰받은 경우에는 중개가 완성되기 전에 당해 중개대상물의 상태·입지 및 권리관계 등을 확인하여 이를 당해 중개대상물에 관한 권리를 취득하고자 하는 중개의뢰인에게 성실·정확하게 설명하고, 설명의 근거자료를 제시하여야 한다."라고 규정하고 있고, 공인중개사법 시행령 제21조 제1항에 의하면, 공인중개사가 위와 같이 확인, 설명해야 하는 사항에는 '중개대상물의 종류·소재지·지번·지목·면적·용도·구조 및 건축연도 등 중개대상물에 관한 기본적인 사항, 거래예정금액, 소유권·전세권·저당권·지상권 및 임차권 등 중개대상물의 권리관계에 관한 사항, 도로 및 대중교통수단과의 연계성, 시장·학교와의 근접성 등 입지조건'이 포함된다. 위와 같은 관련 법령 및 법리에 의하면, 피고 B가 이 사건 각 문자메시지를 원고에게 보냄으로써 제공한 정보는 이 사건 건물의 소재지, 면적, 거래예정금액, 용도 및 입지조건에 관한 기본적인 사항에 불과한바, 이는 공인중개사법 및 공인중개사법 시행령에서 규정한 '부동산 중개행위의 과정에서 공인중개사가 확인하여 중개의뢰인에게 설명할 정보 또는 제시해야 할 근거자료'에 해당하므로, 피고 B가 원고에게 이 사건 각 문자메시지를 보낸 것은 공인중개사법상 부동산 중개행위에 포함된다.

2) 위 1)항과 같이 이 사건 각 문자메시지를 원고에게 보낸 것을 제외하면, 피고들이 이 사건 용역계약 체결 전, 후에 이 사건 건물에 관한 전문적인 입지분석, 수익분석, 상권분석 등 특수한 기술적 분석업무를 수행하여, 그 업무의 결과물을 원고에게 제공하였다고 인정할 만한 증거가 없다. 한편,

피고들은 이 사건 건물에 약국을 개국할 경우의 수익성을 분석한 결과물을 원고에게 제공하였다는 취지로 주장하나, 피고들의 주장에 의하더라도 피고들은 이 사건 용역계약 및 이 사건 전대차계약의 체결 과정에서 위 수익성 분석 결과를 문서로 작성하여 원고에게 제공한 적이 없을 뿐만 아니라(을 3호증의 분석표는 이 사건 소송의 진행 과정에서 피고들이 임의로 작성한 문서에 불과하고, 위 분석표에 기재된 처방건수, 조제료 등의 내용에 대한 객관적인 증빙자료도 확인되지 않는다), 위 수익성 분석을 통한 구체적인 정보를 원고에게 제공하였다고 볼 만한 증거도 없다.

3) 피고들이 이 사건 각 문자메시지를 통하여 원고에게 제공한 정보는 신문기사를 통하여 쉽게 알 수 있는 이 사건 병원의 입점 정보나 이 사건 건물의 소재지, 면적 등 일반적인 현황에 관한 정보이다. 또한 피고들이 원고에게 이 사건 건물에서 약국을 운영할 경우 이 사건 병원으로부터 발행될 예상 처방전 수를 대략적으로 알려준 것은 통상적으로 약국 영업을 목적으로 한 건물의 임대차 중개를 하기 위하여 중개업자가 중개의뢰인에게 제공하는 기본 정보에 해당하므로, 이를 전문적인 컨설팅의 결과물이라고 보기는 어렵다. 그뿐만 아니라 피고들은 원고에게 위 예상 처방전 수에 대한 객관적인 근거자료를 제공하지도 않았다. 결국 피고들이 이 사건 용역계약상 약정된 용역으로 전문적인 지식 및 상당한 시간, 비용이 소요되는 컨설팅 업무를 수행하였다고 볼 만한 증거가 없다.

4) 피고들의 주장에 의하더라도, 피고 C는 ① 2018. 10.경 이미 G로부터 이 사건 건물을 전차하여 약국을 운영할 약사를 소개해 달라는 의뢰를 받았고, ② 그 이후 이 사건 병원 및 이 사건 건물의 인근을 답사하여 이 사

건 건물이 약국으로 적합한지 확인하였으며, ③ 2018. 11. 중순 내지 하순경 원고가 아닌 다른 전차인을 G에게 소개하였다가 무산되자 이 사건 건물의 권리금을 2억 원에서 1억 원으로 감액하자고 제안하였다는 것이다. ④ 그리고 피고 C는 2018. 12. 2.경 피고 B에게 이 사건 건물을 전차할 적합한 약사가 있는지 문의를 하여 비로소 원고를 알게 되었고, 그 무렵에야 피고 B도 전대차계약의 대상물인 이 사건 건물에 대하여 알게 되었다. ⑤ 그 후 피고들은 2018. 12. 5. 원고에게 이 사건 건물에 대한 정보를 제공하였고, 원고는 2018. 12. 6. 이 사건 용역계약을 체결하였다. 위와 같은 선, 후관계에 의하면, 피고 C는 G로부터 의뢰받은 업무를 수행하기 위하여 위 ①, ②, ③항의 행위를 한 것이지, 이 사건 용역계약상 채무의 이행으로써 위 ①, ②, ③항의 행위를 한 것은 아니다.

5) 피고들은 위 4)의 ③항과 같이 제안하여 이 사건 건물의 권리금이 2억 원에서 1억 원으로 감액되었다는 이유로 이 사건 용역계약이 '권리금 수수의 중개행위'라는 취지로 주장한다. 그러나 위 권리금의 감액은 위 4)항에서 본 바와 같이 피고들이 처음 원고에게 이 사건 건물에 대한 정보를 제공한 2018. 12. 5. 전에 이루어진 것인바, 피고 C는 위 4)의 ③항의 권리금 감액을 제안할 당시 원고의 존재조차 모르고 있었고, 이 사건 용역계약의 체결 전에 이미 이 사건 건물의 권리금이 1억 원으로 조정된 상태였기 때문에 피고 B는 2018. 12. 5. 원고에게 이 사건 건물의 권리금이 1억 원이라는 내용의 이 사건 각 문자메시지를 보낸 것인바, 이 사건 용역계약상 약정된 용역의 범위에 '이 사건 건물의 권리금을 1억 원으로 감액하는 것'이 포함되어 있다고 할 수 없다. 이에 더하여 아래와 같은 사정들을 고려하면, 가) 이 사건 용역계약의 주된 목적은 이 사건 전대차계약을 체결

하는 것이지 이 사건 권리금계약을 체결하는 것은 아니고, 나) 이 사건 용역계약상 피고들이 수행하기로 한 용역은 유·무형의 재산적 가치의 양도에 대하여 권리금의 수수를 중개하는 행위가 아니라, 부동산인 이 사건 건물의 전대차에 관한 행위를 알선하는 부동산 중개행위에 해당한다고 할 것이다. 다) 설사 피고들이 이 사건 권리금계약의 체결에 관여하거나 조력을 하였다고 하더라도, 이는 이 사건 전대차계약상 권리, 의무가 원만하게 이행되도록 주선한 행위이므로, 객관적으로 보아 사회통념상 부동산 거래의 알선·중개를 위한 행위로서 부동산 중개행위의 범주에 포함된다고 보인다.

가) 이 사건 용역계약서에는 이 사건 전대차계약의 성립 시 원고가 피고들이 수행한 용역의 대가로 컨설팅 용역비 4,000만 원을 지급해야 한다고 명시되어 있고, 위 컨설팅 용역비 중 2,000만 원은 이 사건 전대차계약의 체결 시에, 나머지 2,000만 원은 이 사건 전대차계약상 전대차보증금의 중도금 지급일인 2018. 12. 31.에 각 지급하도록 기재되어 있다. 그에 반하여 이 사건 용역계약서에 이 사건 건물에 관한 권리금의 수수 또는 이 사건 권리금계약의 체결에 관하여는 기재되어 있지 않다. 또한 이 사건 권리금계약의 성립 여부 또는 해지 여부가 이 사건 용역계약의 효력이나 위 컨설팅 용역비의 지급의무에 어떠한 영향을 미친다고 볼 만한 사정도 찾을 수 없다.

나) 이 사건 전대차계약은 2018. 12. 6. 공인중개사 없이 체결되었는데, 피고들은 원고와 함께 2018. 12. 6. 전대인인 F 측과 만나 이 사건 전대차계약의 체결 과정에 참여함으로써 사실상 이 사건 전대차계약의 체결을 중개한 것으로 보인다.

다) 이 사건 권리금계약은 이 사건 건물의 임차인인 F와 원고 사이에 체결된 것이 아니라, G 개인과 원고 사이에 체결된 계약인바, 임차인이 아닌 G가 통상적인 권리금계약상 양도 대상에 해당하는 이 사건 건물의 영업시설·비품 등 유형물이나 거래처, 신용, 영업상의 노하우(know-how) 또는 점포 위치에 따른 영업상의 이점 등 무형의 재산적 가치를 보유하고 있었다고 보이지는 않는다. 설사 피고들의 주장대로 G가 F의 실질적인 운영자라고 하더라도, 이 사건 권리금계약의 당사자는 G이지 F가 아니므로, 이 사건 권리금계약의 효력을 F에게 주장할 수 없을 뿐만 아니라, 주식회사의 대표이사가 자기의 대표이사로서의 권한을 제3자에게 포괄적으로 위임하여 그 제3자로 하여금 회사의 업무를 실질적으로 처리하게 하는 것은 비록 그 제3자가 회사를 실질적으로 지배하는 사람이라고 하더라도 회사의 이익을 해하는 행위로서 대표이사제도를 둔 취지에 반하여 허용될 수 없다[대법원 2012. 3. 29. 선고 2011다63185, 2011다63192(병합) 판결 등 참조].

라) 원고로서는 F로부터 이 사건 건물을 전차하여 약국을 운영하려는 목적을 달성하기 위하여 이 사건 용역계약을 체결한 것인바, 이 사건 용역계약상 피고들이 수행해야 할 용역의 핵심은 이 사건 전대차계약의 체결을 중개하는 것이다. 피고들이 이 사건 전대차계약의 체결을 중개하면서 원고와 이 사건 건물의 임차인이 아닌 G 사이에 이 사건 권리금계약을 체결하도록 조력하였다고 하더라도, 이는 이 사건 건물의 전대차를 중개하는 행위에 부수된 보조적 업무에 불과하다.

6) 어떠한 행위가 중개행위에 해당하는지는 행위자의 주관적 의사에 의하여 좌우되는 것이 아닌바, 원고가 피고들과 사이에 이 사건 용역계약을 체결

하면서 피고들의 용역 수행의 대가로 공인중개사법상 규정된 중개수수료를 초과하는 이 사건 각 금원을 지급하기로 약정하였다고 하더라도, 이를 이유로 피고들이 수행하기로 한 위 용역이 객관적으로 부동산 중개행위에 해당하지 않는다고 단정할 수는 없다.

2. 결론

그렇다면, 원고의 피고들에 대한 청구는 모두 이유 있으므로 이를 모두 인용하기로 하여 주문과 같이 판결한다.

개국 약사를 위한 판결의 의미와 해석

약국 개설을 위해 부동산을 찾던 원고는 피고들(컨설팅 측)과 '약국 컨설팅 용역 계약'을 체결하고 용역비 4천만 원을 지급하기로 약정했습니다. 피고들의 소개로 원고는 건물 소유주가 아닌 임차인(주식회사 F)과 전대차 계약 및 권리금 계약(1억 원 지급)을 체결한 후, 피고들에게 컨설팅비 4천만 원을 지급했습니다.

하지만, 원고는 피고들이 제공한 용역이 실질적으로 약국 상가 전대차 계약 체결을 알선하는 '부동산 중개행위'에 해당하며, 피고들은 공인중개사 자격이나 개설등록 없이 이러한 중개행위를 하고 용역비를 받았으므로 해당 계약은 공인중개사법상 강행법규 위반으로 무효라고 주장하며, 지급한 4천만 원을 부당이득으로 반환하라고 소송을 제기했습니다.

반면 피고들은 자신들이 제공한 서비스가 단순히 부동산 중개가 아니라, ① 약국 입지/수익 분석 등 컨설팅 업무와 ② 권리금 조정 등 권리금 수수의 중개행위를 포함하므로 공인중개사법상 중개행위에 해당하지 않는다고 주장했습니다.

법원은 다음과 같이 판단하며 원고의 손을 들어 주었습니다.
- 피고들은 공인중개사 자격 및 개설등록 없이 부동산 중개에 해당하는 행위(약국 상가 전대차 계약 체결 알선 등)를 했습니다.
- 피고들이 주장하는 입지/수익 분석 등의 컨설팅 업무나 권리금 관련 전문적인 분석 용역을 실질적으로 수행한 근거가 부족하다고 판단했습니다.

따라서, 피고들이 공인중개사 자격 없이 중개행위를 하고 그 대가로 용역비를 받은 것은 강행법규 위반으로 해당 용역계약은 **무효**이며, 피고들은 지급받은 4천만 원 및 이에 대한 지연손해금을 원고에게 반환해야 한다고 판결했습니다.

'약국 컨설팅'이라는 이름으로 계약했더라도, 그 실질적이 업무가 부동산 중개(상가 임대차, 전대차 알선 등)에 해당한다면 공인중개사법의 적용을 받습니다. 무자격자의 중개행위는 위법으로 그 대가 계약은 무효입니다. 과거와 달리 현행 공인중개사법(상가건물 임대차 관련 개정)에서는 상가 권리금 계약의 체결을 알선하는 행위도 부동산 중개 범위에 포함될 수 있습니다. 따라서 권리금 계약 알선 역시 공인중개사 자격이 필요합니다.

다만, 부동산 중개에 부수되는 정보 제공 수준을 넘어선 입지, 수익, 상권 분석 등 전문적/기술적 분석을 수행을 제공한다면 '컨설팅 업무'로 인정될 가능성이 높습니다.

치열한 경쟁 속에서 약국 자리를 잡기 위해 과도한 컨설팅 비용을 지불하는 경우가 많습니다. 그러나 해당 용역이 법에서 인정하는 공인중개사 업무 범위를 넘어서는 전문 컨설팅에 해당하지 않고 무자격자의 중개 대가로 판단된다면, 이 사건 판결처럼 지급한 비용(또는 일부)을 부당이득으로 반환받을 수 있습니다.

결론적으로 이 사건은 '약국 컨설팅'이라는 이름 뒤에 숨겨진 무자격 중개 행위의 실체를 법원이 명확히 판단하고, 그 대가인 용역비 계약을 무효화하여 부당이득반환을 명령함으로써 불법 중개로부터 개국 약사를 보호한 사례입니다. 동시에, '컨설팅'의 범위와 '중개'의 범위를 가르는 법원의 기준을 보여 주기에 관련 계약 시 참고하시면 좋을 것 같습니다.

맺음말 약국 계약의 법적 문제 판례를 통해 약사들의 이해 증진

　이 책은 개국을 한 번쯤 생각하는 약사들을 대상으로 약국 계약 과정에서 발생할 수 있는 법적 문제들을 법원 판례를 통해 분석하고, 이를 통해 계약 시 방향성을 설정하는 데 도움을 주었으면 하는 바람으로 쓰게 되었습니다. 약국 계약, 특히 신규 개국이나 기존 약국 인수 및 양도 과정은 매우 중요한 결정 사항입니다. 이 결정에는 상당한 금전적 투자와 미래의 안정성이 걸려 있기에, 계약 과정에서 발생할 수 있는 법적 문제에 대한 충분한 이해는 필수적이라고 생각합니다. 이러한 중요성을 현장에서 항상 깨닫고 있었기에 법률 전문가가 아님에도 불구하고 저의 경험을 바탕으로 약사님들에게 실질적인 도움을 제공하고자 이 책을 집필하게 되었습니다.

　변호사 자격이 없는 제가 법원 판결문을 분석하고 이에 대해 이야기하는 것에 대해 법률 전문가들이 볼 때 아마추어의 일탈로 여길 수 있다는 점을 충분히 인지하고 있습니다. 또한, '변호사에게 상담하면 될 일을 왜 굳이 책까지 써서…'라는 회의적인 시각이나, 잘못된 정보를 전달하거나 독단적인 해석으로 인해 오히려 더 큰 문제를 야기할 수 있다는 우려가 있을 수 있음을 인정합니다. 이러한 걱정과 부담감에도 불구하고 책을 쓰기로 결심한 가장 큰 이유는 약사로서 현장에서 직접 경험하고 느꼈던 답답함과 안타까움 때문이었습니다. 현장에서 느꼈던 "답답함과 안타까움"은, 저뿐만 아니라 많은 약사들이 자신의 직업과 관련된 법적 복잡성에 제대로 대비하지 못하고 있다는 시스템적인 문제를 암시하며, 특히 계약과 같은 중요 사항에 대한 법률 지식 부족이 현장에서 실질적인 어려움으로 이어진다는 점입니다.

약사에게 신규 약국을 개설하거나 기존 약국을 인수 또는 양도하는 중요한 시점에서 관련된 법률을 이해하고 안 하고의 차이는 매우 큽니다. 특히, 개설과 같은 중요한 결정은 평온한 삶을 악몽으로 바꾸기도 하기에 어쩌면 사회생활을 시작한 이후 인생에 가장 큰 영향을 미칠 것이라 생각합니다. 그렇지만 대부분의 약사들은 복잡한 계약 조건을 이해하고 잠재적인 법적 위험을 구별하는 데 필요한 법률 지식이 부족하여 어려움을 겪는 경우가 많습니다. 저 또한 마찬가지였습니다. 법률 전문가의 도움을 받는 것이 가장 현명한 방법이지만, 이리 재고 저리 재고 주저주저하다가 결국 결단력과 정보 부족, 비용 부담으로 인해 적절한 시기에 법률 자문을 구하지 못하는 상황을 많이 마주했었습니다.

제가 전문가가 아니기 때문이기도 하지만 약국 계약과 관련된 법적 문제들을 설명하는 데 있어 실제 사례를 보여 드리는 것은 이러한 문제가 현실에서 어떻게 발생하고 법적으로 어떻게 판단되는지를 더 쉽게 이해할 수 있으리라 생각합니다. 법원 판결문은 계약 조건 및 관련 법률에 대한 법원의 해석을 명확하게 보여 주며, 이는 약사들이 유사한 상황에 처했을 때 잠재적인 결과를 예측하고 대비하는 데 도움이 될 수 있을 것입니다. 과거의 법적 분쟁 사례를 통해 배우는 것은 약사들이 계약 과정에서 발생할 수 있는 일반적인 실수를 파악하고 이를 방지할 수 있도록 도와줄 것이라 생각합니다.

이 책은 전문적인 법률 자문을 대체하기 위한 것이 아닙니다. 법률 해석이라는 것은 매우 전문적인 영역이기에 제가 제시하는 해석은 개인적인 의견일 뿐 법적인 효력을 갖는 것은 아닙니다. 따라서 실제 계약과 관련된 문제에 직면하셨을 경우에는 반드시 법률 전문가와 상의하셔서 정확한 법적 조언을 구하시기를 간곡히 당부드립니다. 이 책은 단지 문제 해결의 '시작점' 혹은 '참고 자료'로서 활용되기를 바랍니다.

현실에서 벌어지는 더 다양한 케이스들이 있겠지만 지면 관계상 또 자료에 대한 접근의 한계상 일상에서 벌어지고 있는 일들의 일부만 수록이 되었습니다. 하지만 이러한 케이스만이라도 인지하고 있다면 그것만으로도 많은 도움이 되지 않을까 생각합니다. 늘 응원해 주시는 가족들과 약사님들, 지인분들께 감사드리며 글을 마칩니다. 약사님들의 성공 개국을 기원합니다.

감사합니다.

2025. 6. 1.

참고

《약사선배 8번의 실전 개국 노트》에 수록된 판결문 리스트

1. 약국 임대 업종지정
청주지방법원 2021. 9. 1. 선고 2020가합12346

2. 약국지정상가 독점
의정부 2011. 3. 30. 선고 2010가합5479

3. 업종 지정 없는 투자 목적 상가
서울남부 2008. 4. 25. 2007가합645

4. 약국인수후 경쟁약국이
서울고등법원 2023. 6. 14. 선고 2022나2045365

5. 5개과 병원 입점 예정
의정부지방법원 고양지원 2022. 6. 30. 선고 2021가단81352

6. 4인 진료 연합의원 개원
청주지방법원 2021. 2. 26. 선고 2018가단35004

7. 재건축 예정

대전지방법원 천안지원 2019. 5. 22. 선고 2018가단111676

8. 재건축 예정

서울서부지방법원 2023. 1. 10. 선고 2021가단247602

9. 재건축 고지

대법원 2022. 8. 11. 선고 2022다202498

10. 허위 과정 매물로 인한 피해

서울동부지방법원 2013. 7. 23. 선고 2012가단854

11. 전문의 5인 진료 병원 개원 예정

대전지방법원 2018. 5. 11. 선고 2017고단4828

12. 병원장의 권리금 회수 방해

서울지방법원 2017. 12. 22. 선고 2016가합563678

13. 건물주 권리금 방해

광주지방법원 2022. 1. 27. 선고 2020가합54130